U0851442

"十四五"高等职业教育新能源汽车技术专业系列教材

新能源汽车技术实训指导书

主　编　邓植译　谢　静　吉力此且
副主编　于　群　刘吉林　青任杰　刘庆霞

中国铁道出版社有限公司
CHINA RAILWAY PUBLISHING HOUSE CO., LTD.

内容简介

本书以新能源汽车技术的理论知识为指导，根据高等职业院校新能源汽车技术专业三大核心课程分为三部分，包括新能源汽车动力电池与管理技术实训指导、新能源汽车故障诊断技术实训指导、新能源汽车驱动电机及控制技术实训指导，共13个项目31个实训，涵盖新能源汽车技术的基础理论与实训指导。

本书适合作为高等职业院校新能源汽车技术专业学生的教材，也可作为部分中等职业学校教材，还可作为成人教育、社会人员职业培训等各种有关新能源汽车故障诊断维修技术提升的指导书。

图书在版编目(CIP)数据

新能源汽车技术实训指导书 / 邓植译，谢静，吉力此且主编. -- 北京 : 中国铁道出版社有限公司，2024. 12.
("十四五"高等职业教育新能源汽车技术专业系列教材).
ISBN 978-7-113-31689-1

Ⅰ. U469.7

中国国家版本馆 CIP 数据核字第 202457C8N2 号

书　　名：新能源汽车技术实训指导书

作　　者：邓植译　谢　静　吉力此且

策　　划：王文欢　杨万里　　**编辑部电话**：(010)63551926

责任编辑：杨万里

封面设计：刘　颖

责任校对：刘　畅

责任印制：赵星辰

出版发行：中国铁道出版社有限公司(100054，北京市西城区右安门西街8号)

网　　址：https://www.tdpress.com/51eds

印　　刷：三河市国英印务有限公司

版　　次：2024年12月第1版　2024年12月第1次印刷

开　　本：787 mm×1 092 mm　1/16　**印张**：14.5　**字数**：349千

书　　号：ISBN 978-7-113-31689-1

定　　价：45.00元

版权所有　侵权必究

凡购买铁道版图书，如有印制质量问题，请与本社教材图书营销部联系调换。电话：(010)63550836

打击盗版举报电话：(010)63549461

前言

新能源汽车是战略性新兴行业之一，也是绿色发展的必然选择。2023年中国新能源汽车销量达950万辆，新能源汽车的保有量近3 000万辆，如此巨大的新能源汽车市场，需要职业院校培养更多的新能源汽车维修技术人员。为遵循高素质技术技能型人才的成长规律，突出教学中的实践性，加强学生分工与合作的锻炼，逐渐提高学生自主学习的能力，四川华新现代职业学院组织新能源汽车技术专业教师团队编写了本书，旨在为新能源汽车维修技术实训项目提供技术支持，为教师的实训教学规范化提供参考模板。

本书以技术指导为主线，根据新能源汽车技术设计了多个项目，每个项目均由多个具体的实训组成，每个实训均将职业岗位基本技能与相关知识相结合，把知识、技能的学习融入任务完成的过程中。本书在编写过程中重点结合了当前职业院校新能源汽车技术专业三大核心课程的开设情况与学生技能培养情况，注重将新能源汽车技术相关的知识点以“实训指导”的形式呈现。在项目完成过程中做到强化训练，遵循“必需、够用”的原则，避免初学者在面对新能源汽车技术繁多的知识点时产生困扰。此外，本书在编写过程中，结合了编者在指导学生参加各类汽车类技能竞赛中积累的经验，将项目与汽车类技能竞赛应用相结合，对参加技能竞赛学生的训练也能起到指导作用。

本书以新能源汽车技术的理论知识为指导，根据高等职业院校新能源汽车技术专业三大核心课程设计了三部分共13个项目31个实训，包括新能源汽车动力电池与管理技术、新能源汽车故障诊断技术、新能源汽车驱动电机及控制技术等课程的实训项目，涵盖了新能源汽车技术的基础理论与实训指导。第一部分介绍新能源汽车动力电池与管理技术课程的相关实训内容，以断开高压电与动力电池性能检测、动力电池管理系统检测与故障排除、动力电池冷却与低压电源系统检修、充电系统检测与故障排除等相关项目为实训主线，主要指导新能源汽车动力电池与管理技术中的实训操作规范流程；第二部分介绍新能源汽车故障诊断技术课程的相关实训内容，以新能源汽车故障诊断技术基础，车身控制系统、整车控制系统、电池管理系统故障诊断与排除等相关项目为实训主线，主要指导新能源汽车故障诊断技术中的实训操作规范流程；第三部分介绍新能源汽车驱动电机及控制技术课程的相关实训内容，以新能源汽车安全操作、驱动电机及其减速机构以及冷却系统的保养与检修、驱动电机控制器检测与故障排除等相关项目为实训主线，主要指导新能源汽车驱动电机及控制技术中的实训操作规范流程。

本书建议教学学时为90～120学时，参考学时分配见下表：

项目实训			建议学时
第一部分 新能源汽车动力电池与管理技术实训指导	项目一　断开高压电与动力电池性能检测	实训一　断开动力电池高压电	4学时
		实训二　动力电池的分解与组装	4学时
		实训三　动力电池性能检测	4学时
	项目二　动力电池管理系统检测与故障排除	实训四　动力电池管理系统拆装	4学时
		实训五　动力电池管理系统性能检测	4学时
		实训六　动力电池管理系统故障诊断与排除	4学时
	项目三　动力电池冷却与低压电源系统检修	实训七　动力电池冷却系统检修	6学时
		实训八　新能源汽车低压电源系统检修	6学时
	项目四　充电系统检测与故障排除	实训九　快充系统检测与故障排除	6学时
		实训十　慢充系统检测与故障排除	6学时
第二部分 新能源汽车故障诊断技术实训指导	项目一　新能源汽车故障诊断技术基础	实训一　新能源汽车电路识读与分析	1学时
		实训二　新能源汽车基本故障诊断策略	1学时
	项目二　车身控制系统故障诊断与排除	实训三　启动继电器引起低压供电不正常故障	2学时
		实训四　CAN总线引起中控门锁不能正常工作故障	3学时
		实训五　电子转向锁引起低压供电不正常故障	3学时
	项目三　整车控制系统故障诊断与排除	实训六　整车控制器引起防盗报警故障	3学时
		实训七　整车控制器引起高压供电不正常故障	3学时
		实训八　高压互锁异常引起高压供电不正常故障	4学时
		实训九　加速传感器引起车辆不能正常行驶故障	4学时
	项目四　电池管理系统故障诊断与排除	实训十　电池管理系统引起高压供电不正常故障	4学时
		实训十一　高压绝缘破损引起高压断开故障	4学时
第三部分 新能源汽车驱动电机及控制技术实训指导	项目一　新能源汽车安全操作	实训一　新能源汽车工作安全与作业准备	2学时
	项目二　驱动电机保养与检修	实训二　驱动电机系统维护与保养	2学时
		实训三　驱动电机的分解与更换	4学时
		实训四　驱动电机系统故障诊断	4学时
	项目三　驱动电机控制器检测与故障排除	实训五　驱动电机控制器基本检测	2学时
		实训六　驱动电机控制器电路故障排除	4学时
	项目四　驱动电机减速机构保养与检修	实训七　驱动电机减速机构总成检修	4学时
		实训八　驱动电机减速机构拆装与调整	4学时
	项目五　驱动电机冷却系统保养与检修	实训九　驱动电机冷却系统维护与保养	2学时
		实训十　驱动电机冷却系统检修	4学时

本书由四川华新现代职业学院邓植译、谢静、吉力此且任主编，四川华新现代职业学院于群、刘吉林，成都长运娇子汽车服务有限公司青任杰，灵山县职业技术学校刘庆霞任副主编，参加编写的还有四川华新现代职业学院何睿、王新军、唐波、蒋策、吴小芸。

本书适合作为高等职业院校新能源汽车技术专业学生的教材，也可作为中职、成人教育、社会人员职业培训等各种有关新能源汽车故障诊断维修技术提升的指导书。

本书由四川华新现代职业学院翁艳副院长、李凡教授、石平高级工程师主审，一汽大众品牌培训中心毛建军高级技师对本书提出了很多宝贵意见与建议，在此表示感谢。

由于时间紧迫加之编者水平有限，书中难免存在疏漏与不妥之处，敬请广大读者与专家批评指正。

编　者

2024 年 8 月

目录

第一部分　新能源汽车动力电池与管理技术实训指导

第二部分　新能源汽车故障诊断技术实训指导

第一部分

新能源汽车动力电池与管理技术实训指导

- 项目一　断开高压电与动力电池性能检测
- 项目二　动力电池管理系统检测与故障排除
- 项目三　动力电池冷却与低压电源系统检修
- 项目四　充电系统检测与故障排除

项目一

断开高压电与动力电池性能检测

学习笔记

实训一　断开动力电池高压电

一、实训目的

1. 掌握断开动力电池高压电的操作步骤与注意事项。
2. 能够正确执行新能源汽车断开动力电池高压电操作。
3. 养成服从管理、规范作业、安全工作的习惯。

二、实训内容

1. 按照标准流程拆装检查维修开关。
2. 按照标准流程进行高压电的检验。

三、实训设备

实训整车、车辆防护用品、绝缘手套、护目镜、绝缘鞋、高压警示牌、绝缘垫、隔离带、绝缘工具套装。

四、实训步骤

由于新能源汽车存在高压电，因此在检修前必须首先按照高压电操作章程执行系统电压的断开操作。断开系统高压电以后，可以在一定程度上确保汽车高压系统的部件之间不再具有高压电，从而保证维修人员的安全。

新能源汽车的高压电系统集中在车辆的驱动系统、空调与暖风系统，以及带有插电功能的充电系统。

根据国家新能源汽车安全标准，在动力电池上都会设计有一个串联的手动维修开关，用于人工切断整个动力电池的回路，当该开关被断开后，整车的高压部件将不再具有高压，同时动力电池的总输出正负极端口也不再有高压。动力电池的手动维修开关如图 1-1-1 所示。

需要注意的是，即使手动开关被断开，动力电池内的电池及其连接电路仍在串联的位置具有高压！

由于手动维修开关能够物理上直接切断动力电池的高电压回路，汽车制造厂商都将该开关设计有特殊的锁止结构，避免人为意外触发或者行驶中因为振动等因素断开。通用新能源汽车手动维修开关断开方法如图 1-1-2 所示。

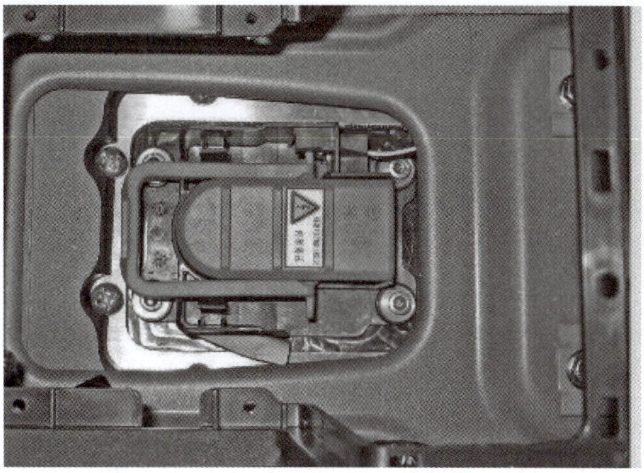

图 1-1-1　动力电池的手动维修开关

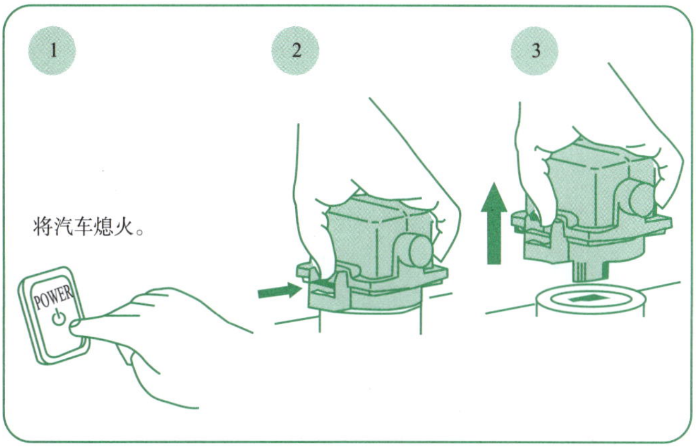

图 1-1-2　通用新能源汽车手动维修开关断开方法

手动维修开关的断开方法一般会标示在开关上面，或在车主的用户手册中。

在维修带有高电压的新能源汽车前，务必执行拆卸维修开关流程与高电压的检验操作，避免因意外发生高压触电！

1. 拆卸维修开关流程

①断开点火开关，并将钥匙移出智能钥匙系统探测范围（建议单独使用一个盒子放置）。

②找到 12 V 低压蓄电池，断开电池的负极，并固定接地线，以防止接线移动回电池负极端子。

③确认绝缘手套不漏气，并正确佩戴，找到维修开关且断开。将拆下的维修开关放在口袋中以防止其他人将它安装回车上去，并将裸露的维修开关槽使用绝缘胶布封住。

注意事项：当处理橙色高压组件与线路时，确保带着绝缘橡胶手套。

④等待 10 min 或更长时间，以便高压部件总成内部电容放电，确认安全后进行维修操作。

学习笔记

断开高压电主要是通过正确的操作步骤来关闭车辆高压系统。正常情况下，执行高压断电后，车辆除了动力电池外，其他部件应该都不具有高电压。

2. 高电压的检验

高电压检验是利用万用表再次确认高压电断开以后，具体维修的部件上确实已不再有高压电，该步骤应符合高压电的检验操作标准。

使用万用表测量高电压部件的连接器各个高电压端子，在执行高压断开以后，每个端子对车身的电压应该小于3 V，且端子正负极之间的电压也应该小于3 V。

如果任一被测量的电压超过3 V，说明系统内部存在主正继电器故障的情况，需要由经过专业培训的工程师来进行处理。

警示！在检验高电压端子期间，必须佩戴好个人安全防护设备。

警示！该实操具有一定的高电压安全危险，学生务必按照教师的指导操作！

警示！执行该实操时，必须有两名经过对应车型培训，且具有低压电工证的教师执行！

①断开逆变器与动力电池之间的高压连接器，使用数字万用表（绝缘等级大于1 000 V）测量连接器各个高电压端子电压显示均为0 V（量程大于750 V）。

②用绝缘乙烯胶带包裹被断开的高压连接器端子，如图1-1-3所示。

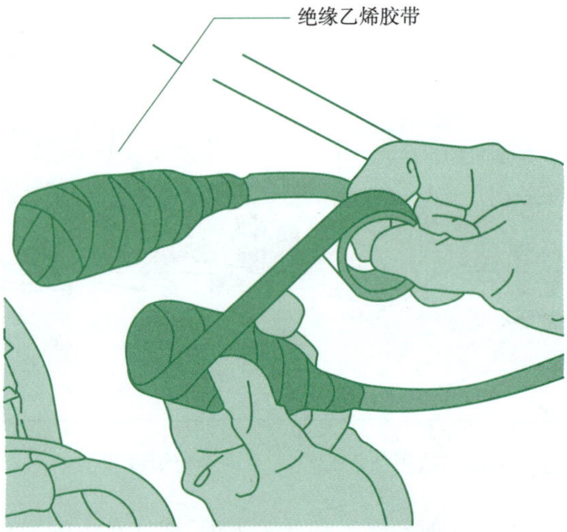

图1-1-3　包裹被断开的高压连接器端子

3. 手动维修开关的位置与断开方法

比亚迪E6的手动维修开关位于中央扶手箱的下部。拆卸该手动维修开关前，必须先拆下扶手箱上的饰板。拆卸手动维修开关如图1-1-4所示。

4. 检测维修开关

①维修开关外观检查：维修开关整体外观是否损坏、变形等。

②维修开关插接头检查：维修开关插接头是否有损坏、变形等。

③检查熔断器是否熔断。

维修开关检测记录表见表1-1-1。

学习笔记

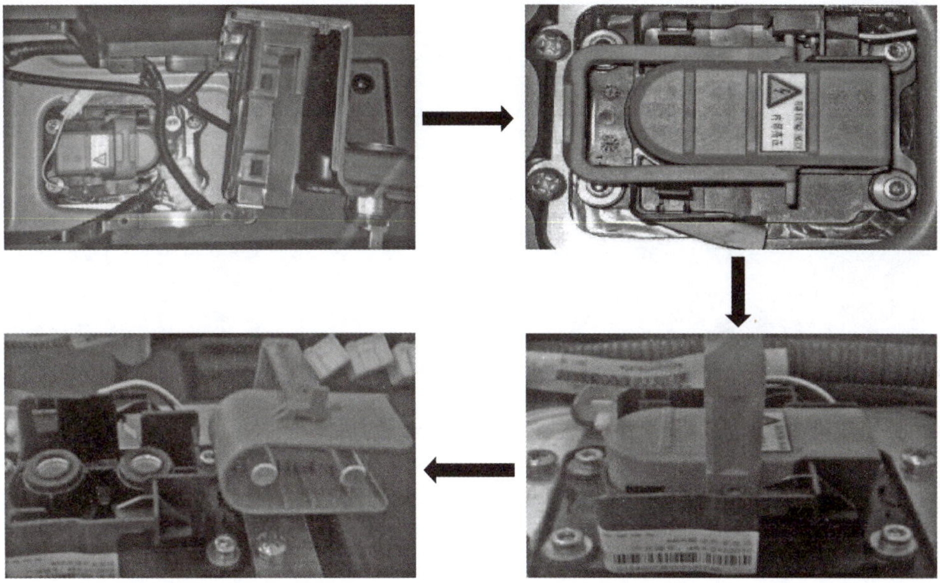

图 1-1-4　拆卸手动维修开关

表 1-1-1　维修开关检测记录表

序号	被检查部件	检查项目	检查结果
1	维修开关	外观检查是否破损、变形	是□
			否□
		插头是否破损、变形	是□
			否□
2	熔断器	是否熔断	是□
			否□

5. 安装维修开关流程

①设置安全隔离，在维修区域放置安全警告标志。

②检查并穿戴个人安全防护用品，包括绝缘手套、绝缘鞋与绝缘护目镜。

③检查与调整设备、仪器，确保工具处于良好状态。

④实施车内保护与外部保护，检查绝缘垫是否损坏。

⑤使用绝缘手套与工具，按下快速锁定机构，将维修开关安装到位。

⑥按下黑色锁紧螺栓，固定快速锁紧机构。

⑦安装杂物箱的两个连接器，四个固定螺钉，并关闭盖子。

⑧重新连接 12 V 蓄电池负极导线连接器，确保连接牢固。

⑨踩下制动踏板，打开点火开关，判断是否能够正常高压上电。

注意事项：

①在安装维修开关前，确保高压部件的残余电量已经耗尽，通常需要等待 10～15 min。

②安装过程中，确保维修开关放平，然后按压锁紧机构，以免损坏锁紧机构与维修开关。

③安装后，必须检查维修开关是否牢固可靠，确保安全。

学习笔记

实训一　　学生任务单

实训名称		实训场地		实训时间	
实训内容					

一、知识准备

维修开关，也叫____________。用于在紧急情况下，或者在车辆维修时断开____________。维修开关在电动汽车的安装位置相较广泛，包括设置于车厢中部扶手箱内或车厢后部的扶手箱，还有在____________等。因车型不同，需按照车辆____________提示进行查找。

二、实训计划

请根据实训目的，确定实训过程中所需要的工具、设备、检测仪器及防护用具等。并对小组成员进行合理的分工，制订详细的实训计划。

1. 将实训过程中所需要的工具、设备、检测仪器及防护用具填入表 1-1-2 中。

表 1-1-2　实训设备或工具

序号	名称	型号与规格	单位	数量	备注

2. 小组成员分工（全班学生以 6 人为一个小组，各组选出组长并进行任务分工，将小组成员及分工情况填入表 1-1-3 中）。

学习笔记

表 1-1-3　小组成员及任务分工

小组成员	姓名	任务分工
组长		
组员		

三、实训总结

对本次实训进行总结,并将操作过程中遇到的问题及相应解决方案填入表 1-1-4 中。

表 1-1-4　实训总结

序号	操作内容	遇到的问题及相应解决方案

四、实训综合评价

实训考核评价表见表 1-1-5。

表 1-1-5　实训考核评价表

项目名称	评价内容	分值	评价分数		
			自评	互评	师评
职业素养考核	无迟到、无早退、无旷课	8 分			
	仪容仪表符合规范要求	8 分			
	具备良好的安全意识与责任意识	10 分			
	具备良好的团队合作与交流能力	8 分			
	具备较强的纪律执行能力	8 分			
	保持良好的作业现场卫生	8 分			
专业能力考核	积极参加教学活动,按时完成任务单	16 分			
	操作规范,符合作业规程	16 分			
	操作熟练,工作效率高	18 分			
合计		100 分			
总评	自评(20%) + 互评(20%) + 师评(60%)		指导教师:		

学习笔记

五、课后练习

(一)选择题

1. 新能源汽车高电压存在的形式有(　　)。

A. 一直存在　　B. 点火开关打开时存在

C. 充电期间存在　　D. 一直不存在

2. 高压新能源汽车高电压存在的主要类型有(　　)。

A. 直流高压　　B. 交流高压　　C. 变频高压　　D. 以上都不对

3. 手动维修开关用于(　　)。

A. 切断动力电池中连接回路　　B. 维修车辆底盘用

C. 切断驱动电机电源　　D. 手动维修充电器用

(二)判断题

1. 新能源汽车的动力电池持续存在高电压。(　　)

2. 逆变器在运行期间就会存在高电压。(　　)

3. 点火开关 ON 时,高压压缩机就会存在高电压。(　　)

4. 手动开关被断开后,动力电池内的电池及其连接电路仍然在串联的位置还具有高电压。(　　)

5. 拆下维修开关后,就可以继续对车辆进行高电压检验操作。(　　)

6. 拆下维修开关后,必须要等待 5 min,使得高电压部件中的电容进行放电,才可以继续对车辆进行高电压检验操作。(　　)

7. 在高压电中止操作步骤中不需要断开低压辅助蓄电池的负极。(　　)

8. 在拆除手动维修开关时不需要戴绝缘手套。(　　)

学习笔记

实训二　动力电池的分解与组装

一、实训目的

1. 能够完成对新能源汽车的动力电池总成的拆卸与安装。
2. 能够完成对新能源汽车动力电池分解与组装操作。
3. 掌握动力电池组内部组成部件及功能。

二、实训内容

1. 新能源汽车的动力电池总成的拆卸与安装。
2. 新能源汽车动力电池分解与组装操作。
3. 通过实训，熟悉常见车型动力电池的参数与结构组成。

三、实训设备

实训整车、新能源汽车动力电池组、动力电池专用测试仪、电池组托架、高压警示牌、绝缘垫、隔离带、绝缘工具套装、装配楔、清洁剂。

四、实训步骤

1. 拆卸前准备

必须满足一些前提才允许对高电压的动力电池单元进行有针对性的修理工作。这些前提条件既涉及人员安全，也包括特殊工具的要求。

拆卸与分解动力电池总成的特殊工具包括：

①可移动总成升降台以及用于拆卸与安装高电压动力电池单元的适配接头套件。

②高电压动力电池单元电池模块充电器。

③用于修理高电压动力电池单元后进行试运行的专用测试仪。

④用于拆卸和安装电池模块的起重工具。

⑤用于松开高电压动力电池单元内部卡子的塑料楔。

⑥带发光条的黄色警示锥筒。

高电压动力电池单元修理工位必须洁净、干燥、无油脂、无飞溅火花。因此必须避免紧靠车辆清洗场所或车身修理工位。如有可能应使用活动隔板或隔离带进行隔离。

警示！只允许具备高电压动力电池单元修理资质的维修人员进行这项工作，而且只有符合检测计划且满足“外部没有机械损伤”前提条件时，才能打开高电压动力电池单元且根据检测计划更换损坏组件。

2. 安全注意事项

①为了防止未经授权进入工位以及无法确保是否存在安全隐患或出现不明状态，应使用隔离带。离开工作区域时建议设立发光黄色警告提示。

②拆卸盖板前应清除高电压动力电池单元盖板区域内的残留水分与杂质。

学习笔记

③进行每项工作步骤之前、之时与之后应对作业部件仔细进行直观检查。例如拆卸某一部件时应检查由此松开的其他部件是否损坏。

④在拔下与插上电池管理单元 BMS 的绝缘监控导线时必须特别小心，因为在较细的导线上存在高电压。拔下插头时必须注意，不要拉动导线。并注意插头是否正确锁止，如未正确锁止，可能会无法识别绝缘故障。

⑤工作中断时应盖上拆下的壳体端盖并通过拧入几个螺栓防止其被无意中打开。

⑥在高电压组件或连接件上或在其附近不要使用带有尖锐刃口或边缘的工具或物体。例如禁止使用螺丝刀、侧面切刀、刀具等。允许使用装配楔（“鱼骨”）。在 12 V 车载网络导线束上允许使用侧面切刀打开导线扎带。

⑦不允许切开高电压导线上的扎线带。可以松开卡子或将高电压导线连同支架部件一起拆卸。

⑧拆卸与安装电池模块时，松开螺栓和进行拆卸时必须注意，不要松开电池模块上的塑料盖板，其下面装有导电电池接触系统。

⑨由于热交换器采用非常扁平的设计结构导致拆卸和安装时损坏风险较高，因此必须始终由两个人来拆卸和安装热交换器。

⑩电解液接触皮肤或眼睛后需用大量清水进行冲洗并马上就医。发生火灾时主要会产生易燃气体、污浊气体与对健康有害的物质，例如一氧化碳、二氧化碳、氢气与碳氢化合物。注意切勿吸入！

3. 动力电池总成的拆卸

①选用 10 mm 扳手拧松蓄电池负极线固定螺栓，取下负极线，并对负极端子做好防护。

②将北汽 EV160 新能源汽车举升至合适的高度。

③使用棘轮扳手、接杆、10 mm 套筒拆卸固定护板的 9 颗螺栓。

④取出全部固定螺栓后取下护板。

⑤拆卸动力电池低压控制线束插接器。

⑥拆卸动力电池高压线束插接器。

⑦将动力电池举升支架推入车辆底部、动力电池正下方，如图 1-2-1 所示。

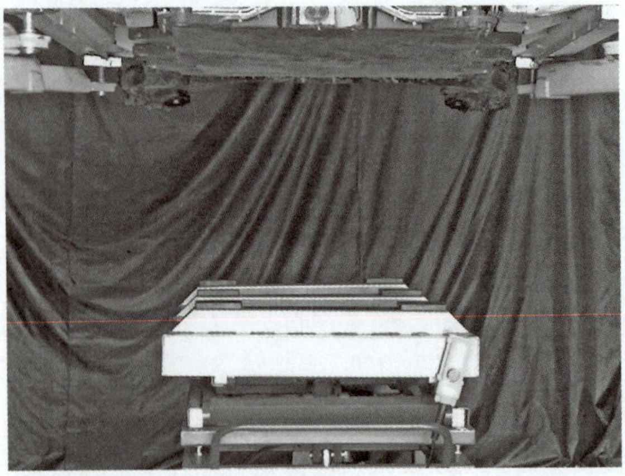

图 1-2-1　动力电池举升支架置于动力电池正下方

注意事项：动力电池举升支架放置的位置，必须在动力电池正下方，不能挡住需要拆卸的螺栓。

⑧锁止动力电池举升支架滑动轮制动器。

注意事项：为防止在拆卸动力电池时动力电池举升支架随意滑移，必须踩下两个滑动轮制动器。

⑨动力电池举升支架调至合适的高度，将动力电池托住。

⑩选用棘轮扳手、接杆与 18 mm 套筒，按顺序拆卸动力电池总成的 10 颗固定螺栓，且降下动力电池举升支架与动力电池。

4. 动力电池总成安装

①将动力电池置于动力电池举升台架上，举升动力电池至合适的高度。

②检查动力电池右后侧和左前侧定位销是否安装到车辆下方的定位孔中。

③再次举升动力电池台架，使动力电池与车架贴合。

④对角旋入动力电池总成的 10 颗固定螺栓。

⑤使用棘轮扳手、接杆、18 mm 套筒按顺序紧固固定螺栓，标准力矩为 95 ± 5 N · m。

⑥降下动力电池举升台架，并将其推放回原位。

⑦安装动力电池高压线束插接器，并将高压线束互锁端口锁紧。

注意事项：在维修新能源汽车过程中，所有黄色高压线都有高压互锁装置，需互锁到位。

⑧检查动力电池高压线束，是否插接到位，安装动力电池低压控制线束，旋紧动力电池低压控制线束插接器。

⑨检查动力电池低压控制线束，是否插接到位。

⑩将举升的车辆降至地面，然后安装辅助蓄电池负极端子。

5. 动力电池的分解与组装

绝大多数车型动力电池的分解和组装必须由生产厂家或专业人员完成，以下是荣威 E50 动力电池的分解与组装步骤。

（1）分解前工位准备

①工位洁净。

②远离溢出液体。

③工位上没有工具或其他物体。

④建议使用独立空间，并从空间上与其他工位隔开或使用隔离带进行空间隔离。

⑤附近没有飞溅火花，否则应竖起相应隔板。

（2）动力电池的分解

①必须遵守安全规定且断开电池模块与壳体上固定导线之间的高电压导线。

②必须按照位置图使用防水笔对所有电池模块和电池监控电子装置进行编号。

③松开相关电池模块上的螺栓并取下隔板。如有必要可松开大范围的环形导线束，松开时可根据需要使用鱼骨，切勿使用带有尖锐棱边的物体。

④拔下相关电池模块的高电压插头且稍稍弯向一侧，从而确保能够非常顺畅地抬出电池模块。

⑤使用磁套筒头松开电池模块的螺母，小心抬出电池模块包括电池监控电子装置，为了

学习笔记

便于操作可使用专用工具抬出，此时要注意电池模块之间的高电压导线能否顺畅通过。将电池模块底部向下以防滑防倒方式放在一个洁净平面上。

(3)动力电池的组装

①使用专用工具小心抬起电池模块包括电池监控电子装置，在此要注意相邻部件，特别是高电压导线。使用磁套筒头安装电池模块的螺母按规定力矩拧紧，将导线束的插头与电池监控电子装置连在一起，安装固定拆下的隔板，插上相关电池模块的高电压插头，连接电池模块与壳体上所固定导线之间的高电压导线。

②检查壳体下部件的密封面并清除可能存在的污物。在另一人的帮助下小心放上壳体端盖。此处必须注意不要让尖锐棱边接触密封垫。

(4)安装后续检查及完善

①使用专用测试仪进行最终测试。动力电池盖板安装前必须使用专用测试仪进行测试。安装适用于排气单元的检测适配器，连接用于压力接口、高电压插头与12 V车载网络插头的检测接口。

②进行总测试。首先进行密封性测试，随后进行耐压强度、绝缘电阻和绝缘监控测试。

③将动力电池单元安装在车上。在另一人的帮助下使用总成升降台将动力电池单元移回车辆下方。抬起动力电池单元时必须注意锁止件和中间位置，而且不允许将总成升降台抬得过远。安装动力电池组上的固定螺栓，拧入电位补偿螺栓。

学习笔记

实训二　学生任务单

实训名称		实训场地		实训时间	
实训内容					

一、知识准备

动力电池组主要由____________、____________、____________及____________等四部分组成。

BMS 通过____________、____________及____________检测等功能实现对动力电池系统的____________、____________、过流、____________和过低温保护，继电器控制、____________、____________、均衡控制、故障报警及处理、与其他控制器通信功能等功能；此外电池管理系统还具有高压回路____________功能，以及为动力电池系统____________功能。

二、实训计划

请根据实训目的，确定实训过程中所需要的工具、设备、检测仪器及防护用具等。并对小组成员进行合理的分工，制订详细的实训计划。

1. 将实训过程中所需要的工具、设备、检测仪器及防护用具填入表 1-2-1 中。

表 1-2-1　实训设备或工具

序号	名称	型号与规格	单位	数量	备注

2. 小组成员分工（全班学生以 6 人为一个小组，各组选出组长并进行任务分工，将小组成员及分工情况填入表 1-2-2 中）。

学习笔记

表 1-2-2　小组成员及任务分工

小组成员	姓名	任务分工
组长		
组员		

三、实训总结

对本次实训进行总结，并将操作过程中遇到的问题及相应解决方案填入表 1-2-3 中。

表 1-2-3　实训总结

序号	操作内容	遇到的问题及相应解决方案

四、实训综合评价

实训考核评价表见表 1-2-4。

表 1-2-4　实训考核评价表

项目名称	评价内容	分值	评价分数		
			自评	互评	师评
职业素养考核	无迟到、无早退、无旷课	8 分			
	仪容仪表符合规范要求	8 分			
	具备良好的安全意识与责任意识	10 分			
	具备良好的团队合作与交流能力	8 分			
	具备较强的纪律执行能力	8 分			
	保持良好的作业现场卫生	8 分			
专业能力考核	积极参加教学活动，按时完成任务单	16 分			
	操作规范，符合作业规程	16 分			
	操作熟练，工作效率高	18 分			
合计		100 分			
总评	自评(20%)+互评(20%)+师评(60%)		指导教师：		

学习笔记

五、课后练习

（一）选择题

1. 动力电池的作用类似于燃油车中的（　　）。

A. 发动机　　B. 变速器　　C. 燃油箱　　D. 以上都不对

2. 拆下蓄电池负极端子后，必须等待（　　）min 后方可进行下一步操作。

A. 5　　B. 10　　C. 15　　D. 20

3. 在选用维修工具时优先选用（　　）。

A. 套筒　　B. 梅花扳手　　C. 开口扳手　　D. 活扳手

4. 构成动力电池模块的最小单元是（　　）。一般由正极、负极、电解质及外壳等构成，可实现电能与化学能之间的直接转换。

A. 电池模块　　B. 电池模组　　C. 电池单体　　D. 以上都不对

（二）判断题

1. 原则上允许将动力电池放在地面上、架子上和绝缘垫上。（　　）

2. 动力电池损坏可以自行处理。（　　）

3. 使用绝缘手套前，不用检查是否破损。（　　）

4. 在维修新能源汽车过程中，所有黄色高压线都有高压互锁装置，需互锁到位。需要检查高压线束插头是否安装到位。（　　）

5. 动力电池组主要由动力电池模组、电池管理系统、动力电池箱及辅助元器件等四部分组成。（　　）

6. 禁止未参加该车型高压系统知识培训的维修人员拆解新能源汽车的高压系统。（　　）

7. 当拆解或装配动力电池时，不需要断开 12 V 电源与动力电池上的手动维修开关。（　　）

8. 动力电池通常采用水冷的方式冷却。（　　）

学习笔记

实训三 动力电池性能检测

一、实训目的

1. 能够进行动力电池母线正负输出端电压测量。
2. 能够进行动力电池及单个电池电压数据检测。
3. 能对新能源汽车单体电池故障进行检测。

二、实训内容

1. 掌握动力电池的集成方式;
2. 测量动力电池母线正负输出端电压。
3. 测量动力电池及单个电池电压及其他参数。
4. 掌握单体电池的常见故障及检测流程。

三、实训设备

新能源汽车整车或动力电池台架、安全防护装备、万用表、绝缘电阻表、故障检测仪、高压警示牌、绝缘垫、隔离带、绝缘工具套装。

四、实训步骤

1. 动力电池的集成

单体电池是构成动力电池模块的最小单元。

电池模块是一组并联的单体电池的组合,该组合的额定电压与单体电池的额定电压相等,是单体电池在物理结构和电路上连接起来的最小分组,可作为一个单元替换。

动力电池箱是支撑、固定、包围电池系统的部件,主要包含上盖和下托盘,还有辅助元器件,如过渡件、护板、螺栓等,动力电池箱有承载及保护动力电池组及电气元件的作用。

模组是由多个电池模块或单体电芯串联组成的一个组合体。

电池组是由多个模组通过串联或并联构成的一个存储电能或对外输出电能的部件。

电池包是由一个以上的电池组通过串联或并联构成的一个存储电能或对外输出电能的部件。

动力电池系统是由一个以上的电池包通过串联或并联构成的具备完善电池管理系统的电能供给系统。

2. 测量母线正负输出端电压

①安装车外前格栅防护套、左右翼子板防护。

②选用 10 mm 扳手拧松蓄电池负极线固定螺栓,取下负极线,并对负极端子做好防护。

③使用绝缘工具(选用棘轮扳手、接杆、T30 套筒)拆卸接头固定螺栓,并取出线缆,如图 1-3-1 所示。

④打开万用表,使用直流电压挡测量,红表笔接触动力电池电源线束(+),黑表笔接触动

学习笔记

力电池电源线束(-)。

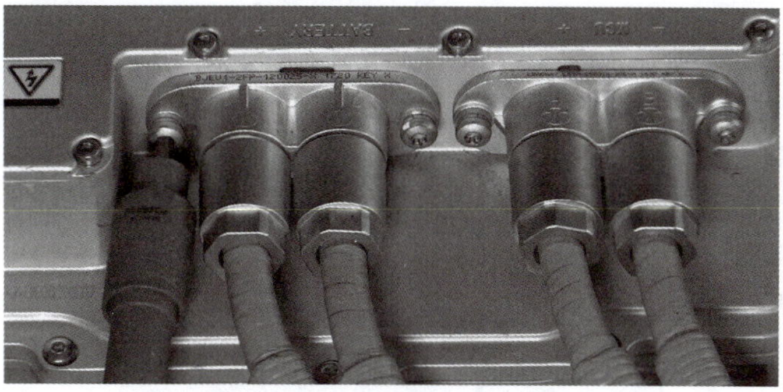

图 1-3-1　拆卸接头固定螺栓

⑤观察万用表的读数,确定电池组高压线束端口是否存在高压电,根据不同的车型此电压值略有不同,一般在 300~500 V 之间。

⑥安装线缆到 PDU,并带上固定螺栓。

⑦使用绝缘工具(选用棘轮扳手、接杆、T30 套筒)紧固接头固定螺栓,标准力矩为 10 N·m。

⑧清除防护胶带,安装辅助蓄电池负极端子。

3. 动力电池的检测

(1)单体电池电压检测

①关闭电池电源,将万用表的正负极引线分别接到电池的正负极上。

②选择电压测量挡位,将引线轻轻接触电池的正负极,确保良好接触。

③读取电压表上显示的电压数值,并记录在单体电池电压检测记录表(见表 1-3-1)中,不同车型电压值有所不同,一般电压标准值在 2.7~4.2 V 之间。

④将引线从电池上分离,停止测量。

表 1-3-1　单体电池电压检测记录表

序号	检测项目	台架面板		检测结果	标准值	是否正常
1	单体电池 1	1 号针脚	负极		2.7~4.2 V	是□否□
2	单体电池 2	2 号针脚	1 号针脚			是□否□
3	单体电池 3	3 号针脚	2 号针脚			是□否□
4	单体电池 4	4 号针脚	3 号针脚			是□否□
5	单体电池 5	5 号针脚	4 号针脚			是□否□
6	单体电池 6	6 号针脚	5 号针脚			是□否□
7	单体电池 1-6	6 号针脚	负极		16.2~25.2 V	是□否□

(2)动力电池电压检测

①准备工具:确保电压表或万用表功能正常。

②关闭电源:将电池电源关闭,以确保安全。

③连接引线:将万用表的正负极引线分别接到电池的正负极上。

④选择挡位:使用万用表选择电压挡进行测量。

⑤读取数值：轻轻接触电池正负极，确保接触良好后，读取电压表上显示的电压数值，一般在 300～500 V 之间；

⑥分离引线：测量完成后，将引线从电池上分离。

此外，对于新能源汽车的动力电池，还有一系列其他的检测方法，包括外观检测、容量检测、内阻检测与温度检测等，这些方法可以帮助全面评估电池的性能、健康状况与安全性。

（3）直流放电法检测内阻

直流放电法是对动力电池进行瞬间大电流放电（一般为几十到上百安），然后测量电池两端的瞬间压降，再通过欧姆定律计算出电池内阻。直流放电测试仪如图 1-3-2 所示。

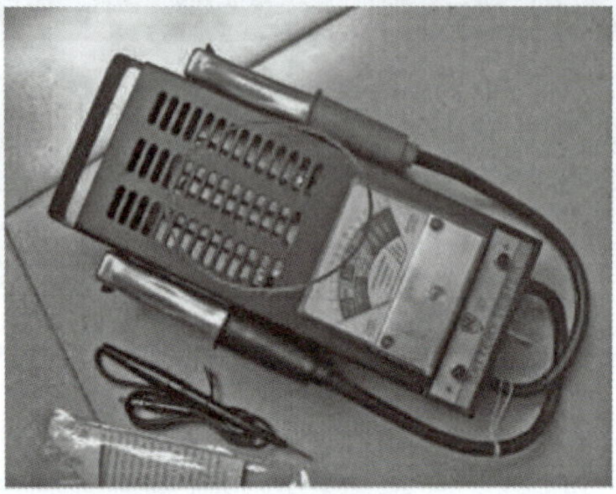

图 1-3-2　直流放电测试仪

直流放电法的优点是具有较高的精确度，如果控制得当，测量精度误差可以控制在较低范围内。然而，这种方法也有一些缺点，例如需要较长的时间来测量，并且可能会对电池造成一定的损伤，尤其是当放电电流过大或时间过长时。此外，这种方法只能测量大容量电池，小容量电池无法承受短时间内的大电流，且电池内部的电极会发生极化现象，影响测量结果的准确性。

为了减少误差与提高测量的准确性，通常使用四线法进行测量，即使用四条测试线（两条用于电流，两条用于电压测量），以减少测试线电阻对测量结果的影响。此外，测量时需要注意控制好电流的大小与时间，避免对电池造成不必要的损伤。

（4）动力电池容量检测

容量测试仪则是一种集成了多种测试功能的设备，能够自动完成锂电池的充放电过程，并提供准确的测试结果。通过充放电测试，测量电池的容量，确定其电荷储存能力。这可以评估电池的性能与寿命，并检测潜在的容量损失。

电池容量测试的标准流程为：放电阶段→搁置阶段→充电阶段→搁置阶段→放电阶段，电池容量测试仪与测试方法，如图 1-3-3 所示。

①连接电池：将电池的一端插入到电池容量测试仪的插孔中，确保连接牢固。对于蓄电池，需要将测试仪的一端连接到电池的正极，另一端连接到负极，确保连接牢固，以防止短路或触电。

②打开电源：按下电池容量测试仪上的电源按钮，启动设备。此时，显示屏应该亮起并显示电池的信息。

③开始测试：在显示屏上选择“测试”或“测量”选项，然后等待仪器自动完成电池容量的

学习笔记

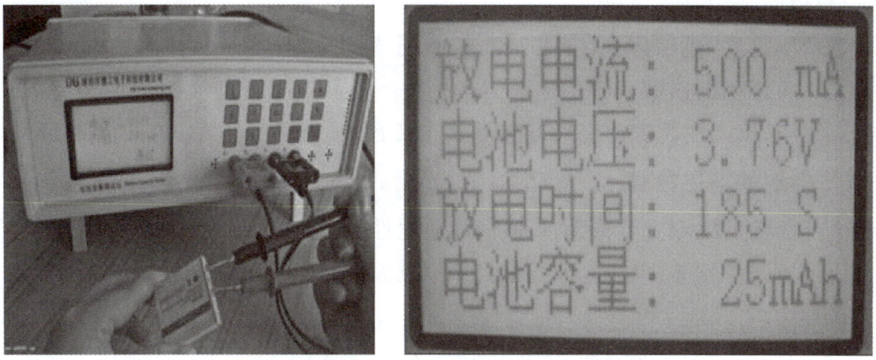

图 1-3-3　电池容量测试仪

测试。测试时间会因电池类型与设备而异,但通常需要几分钟。

④查看结果:当测试结果完成后,显示屏会显示电池的容量百分比。就可以了解电池的健康状况与剩余使用寿命。如果电池容量低于 80%,可能需要考虑更换电池。

⑤断开连接:在完成测试后,从电池容量测试仪上拔下电池,然后将其放回设备或充电器。

⑥关闭电源:按下电池容量测试仪上的电源按钮,关闭设备。

请注意,不同类型的电池可能需要不同的测试方法与时间。在使用电池容量检测仪之前,请务必阅读并遵循制造商提供的说明。

(5)内阻法检测 SOC 状态

电池内阻的变化是电池健康状况的一个重要指标。通过测量电池的内阻,可以间接推断出电池的容量状态。然而,内阻测量受多种因素影响,因此通常需要结合其他评估方法进行综合分析。

电池的 SOC 与电池的内阻有一定的联系,可以利用电池内阻与 SOC 的关系来预测电池的荷电状态。如图 1-3-4 是电池内阻测试仪测内阻。

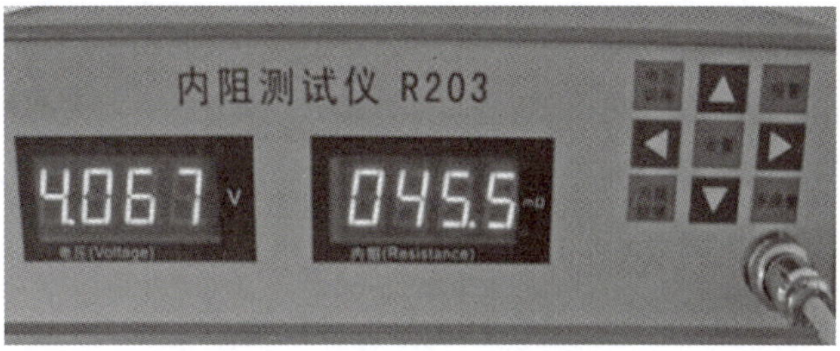

图 1-3-4　电池内阻测试仪

①将电池内阻测试仪电源线插入 200 V/50 Hz 的电源插座上。

②先拧松滑动板底部的固定螺钉,然后根据被测电池的长度调节滑动板的位置,使四个测试针的距离小于电池的长度约为 4 mm,锁紧滑动板固定螺钉。

③把电池的正极与负极分别放入正极测试针与负极测试针上顶住,使电池的中心与测试针的中心保持一致,且电池与测试针正负极完全相接触。

④打开电池内阻测试仪的电源开关,显示屏读数会跳动数次,这属于正常现象,约 100 ms

学习笔记

后其读数会自动稳定下来。

⑤根据所测电池内阻的大小按切换键，选择适当的量程（如量程太大或太小其读数都会不准确），记下其准确的读数。

⑥测试完毕，按电池装入相反的方向将电池取下来。

4. 单体电池的常见故障

单体电池的常见故障主要分为三种：故障电池性能正常，无须更换；电池性能衰退严重及单体电池出现短路故障等，单体电池的常见故障见表 1-3-2。

表 1-3-2 单体电池的常见故障

序号	故障类型	处理方式
1	单体电池性能正常，但参数不正常	需进行单独充放电，无须更换
2	电池性能衰退严重	更换单体电池
3	单体电池出现短路故障	导致电池失效，应立即更换

学习笔记

实训三　学生任务单

实训名称		实训场地		实训时间	
实训内容					

一、知识准备

电池的荷电状态(SOC)被用来反映电池的____________状况,这是目前国内外比较统一的认识,其数值上定义为电池剩余容量占____________的比值。

荷电状态是动力电池重要的技术参数,只有准确知道电池的荷电状态,才能更好地使用电池。电池组的SOC和很多因素相关且具有很强的____________,从而给SOC实时在线估算带来很大的困难,还没有一种方法能十分准确地测量电池的荷电状态。目前主要的测量方法有以下几种:____________、____________、____________等。

二、实训计划

请根据实训目的,确定实训过程中所需要的工具、设备、检测仪器及防护用具等。并对小组成员进行合理的分工,制订详细的实训计划。

1. 将实训过程中所需要的工具、设备、检测仪器及防护用具填入表1-3-3中。

表1-3-3　实训设备或工具

序号	名称	型号与规格	单位	数量	备注

2. 小组成员分工(全班学生以6人为一个小组,各组选出组长并进行任务分工,将小组成员及分工情况填入表1-3-4中)。

学习笔记

表 1-3-4 小组成员及任务分工

小组成员	姓名	任务分工
组长		
组员		

三、实训总结

对本次实训进行总结，并将操作过程中遇到的问题及相应解决方案填入表 1-3-5 中。

表 1-3-5 实训总结

序号	操作内容	遇到的问题及相应解决方案

四、实训综合评价

实训考核评价表见表 1-3-6。

表 1-3-6 实训考核评价表

项目名称	评价内容	分值	评价分数		
			自评	互评	师评
职业素养考核	无迟到、无早退、无旷课	8 分			
	仪容仪表符合规范要求	8 分			
	具备良好的安全意识与责任意识	10 分			
	具备良好的团队合作与交流能力	8 分			
	具备较强的纪律执行能力	8 分			
	保持良好的作业现场卫生	8 分			
专业能力考核	积极参加教学活动，按时完成任务单	16 分			
	操作规范，符合作业规程	16 分			
	操作熟练，工作效率高	18 分			
合计		100 分			
总评	自评(20%) + 互评(20%) + 师评(60%)		指导教师：		

学习笔记

五、课后练习

(一)选择题

1. 属于储能电池主要性能指标的是(　　)。

A. 电压　　B. 内阻　　C. 效率　　D. 以上都对

2. 动力电池组的总电压可以达到(　　)V。

A. 36~88　　B. 1 200~1 500　　C. 12~36　　D. 90~400

3. 帝豪 EV 300 动力电池采用的是(　　)。

A. 三元锂电池　　B. 铅酸蓄电池　　C. 镍氢蓄电池　　D. 燃料电池

(二)判断题

1. 对于所有化学电源,即使在与外电路没有接触的条件下开路放置,容量也会自然衰减,这种现象称为自放电,也称荷电保持能力。(　　)

2. 电动汽车用动力电池的主要性能指标包括电压、内阻、容量和比容量、能量以及效率等。(　　)

3. 在基本性能的评价上,测试的是整个动力电池的常规使用寿命,考虑的因素有充放电电流和工作的 SOC 范围。(　　)

4. 常用的动力电池性能指标的检测方法,包括荷电状态(SOC)、内阻、容量、循环寿命、一致性等检测方法。(　　)

5. 打开发动机舱盖,需要安装防护三件套,对车辆的漆面进行保护。(　　)

6. 拆卸蓄电池负极前,点火开关可以置于任意位置。(　　)

7. 测量动力电池电源线束的电压,通常用万用表的交流电压挡测量。(　　)

8. 在安装动力电池母线上的固定螺栓时,要使用绝缘工具进行安装。(　　)

项目二

动力电池管理系统检测与故障排除

学习笔记

实训四 动力电池管理系统拆装

一、实训目的

1. 能够描述动力电池管理系统的结构组成。
2. 能够对动力电池管理系统基本功能进行检测。
3. 能够进行动力电池管理系统的更换。

二、实训内容

1. 掌握动力电池管理系统低压检测方法。
2. 掌握动力电池管理系统高压上电检测方法。
3. 学会动力电池管理系统的拆卸与安装。

三、实训设备

实训整车、车辆防护用品、绝缘电阻表、示波器、绝缘手套、护目镜、绝缘鞋、高压警示牌、绝缘垫、隔离带、绝缘工具套装。

四、实训步骤

1. 动力电池低压管理系统功能

只有动力电池管理系统正常，动力电池才能向高压部件送电，给蓄电池充电。动力电池低压管理系统的主要作用是监控动力电池单体电压、电池组温度等。其具体功能如下：

①监控每个单体电压并反馈给主控盒。

②监控每个电池组的温度并反馈给主控盒。

③检测高压系统绝缘性能。

④对荷电状态(SOC)值进行监测。

动力电池模组放置在一个密闭的动力电池箱里面，动力电池系统使用可靠的高低压接插件与整车进行连接。系统内的BMS实时采集各电芯的电压值、各温度传感器的温度值、电池系统的总电压值和总电流值，电池系统的绝缘电阻值等数据，并根据BMS中设定的阀值判定电池系统工作是否正常,并对故障实时监控。动力电池系统通过 BMS 使用 CAN 线与 VCU 或充电机之间进行通信,对动力电池系统进行充放电等综合管理。

低压电路检测主要涉及到:蓄电池电压是否正常,正常值在 12 ~ 14 V 之间,如果电压值低于 12 V,低压管理系统就可能不工作;温度传感器阻值的正常范围一般在几百欧;CAN 通信网络是否正常等。低压电路检测记录表见表 1-4-1。

表 1-4-1　低压电路检测记录表

序号	检测项目	检测结果	
		OFF	ON
1	蓄电池电压		
2	点火开关		
3	温度传感器 1		
4	温度传感器 2		
5	温度传感器 3		
6	温度传感器 4		
7	CAN2H/CAN2L		
8	CAN2H/CAN2L 电阻		
9	CAN2H/CAN2L 实测波形		

2. 动力电池高压上电流程

上电流程:当踩下制动踏板,打开点火开关后,各部件自检正常,主负继电器接合,预充继电器接合,由于电路中有预充电阻,上电电流较小;当直流母线电压达到额定电压 80% 后,接通主正继电器,断开预充继电器,开始快速上电。电路中的电流传感器会对充电电流进行监控。如没有踩制动踏板,则只执行高压预充,高压不上电。

下电流程:当关闭点火开关后,依次断开主正继电器与主负继电器高压下电,再整车低压下电。高压电路检测记录表见表 1-4-2。

表 1-4-2　高压电路检测记录表

序号	检测项目	检测结果	
		OFF	ON
1	动力电池输出电压		
2	预充继电器		
3	主正继电器		
4	电流传感器 VCCS		
5	电流传感器 ISEN		

3. 动力电池管理系统的拆装

需要注意的是,在 BMS 的更换过程中,拆卸时应注意螺钉与配件的拆卸,防止掉落到模组内部从而引起短路事故。将动力电池箱体与车身分离;将动力电池包上盖打开;确认需更换的 BMS 位置。

学习笔记

BMS 从板更换流程如下：

①将动力电池箱体与车身分离。

②将动力电池包上盖打开。

③确认需更换的 BMS 从板位置。

④拆卸所有从板的接插件。

⑤拆卸从板本体。

⑥将新从板双侧的固定片安装稳固。

注意事项：从板双侧固定片须用专用型号螺钉与从板配套使用。

a. 校紧从板固定片螺栓。

b. 固定片安装完毕后准备安装从板。

c. 从板位置摆放正确至螺纹插孔全部对齐。

d. 检查从板固定螺钉配件标准三件套是否齐全（螺钉、弹片和垫片）。

e. 螺钉安装先后顺序为弹片（上）、垫片（下）、螺钉，如图 1-4-1 所示。

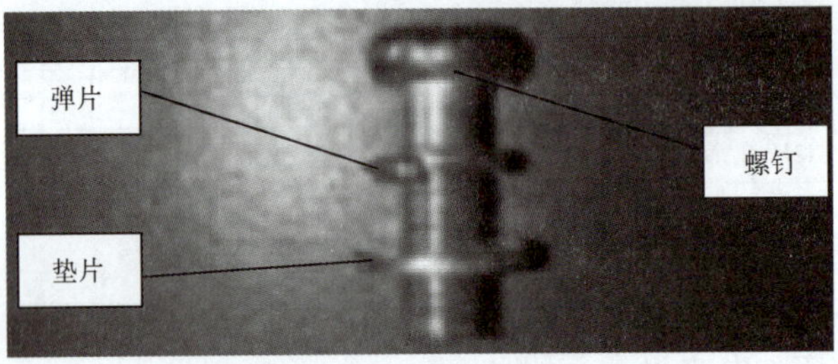

图 1-4-1 螺钉安装先后顺序

f. 使用十字螺丝刀校紧从板螺钉。

⑦在原位置安装新从板，将接插件安装至新从板并安装插件。

注意事项：从板插口印有插件标签。

a. 安装中按照插件上的标签内容进行对号接插。

b. 插件对正插口不可错位，防止插针损坏，如图 1-4-2 所示。

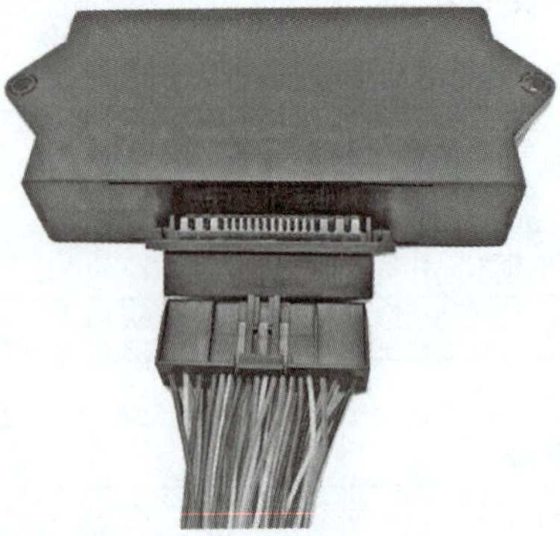

图 1-4-2 插件对正插口

c. 检查插件是否牢固，编号是否与插口对应。

⑧再次检查线束插件是否接插正确，并无工具或异物遗落箱体内部。

⑨安装上盖并进行密封处理。

⑩将动力电池箱体与车身进行安装。

学习笔记

实训四　学生任务单

实训名称		实训场地		实训时间	
实训内容					

一、知识准备

BMS 通过______、______及______检测等功能，实现对动力电池系统的______、欠电压、______、过高温和______保护，以及继电器控制、______、充放电管理、加热或保温、______、故障报警及处理、与其他控制器通信功能等功能；此外电池管理系统还具有高压回路______功能，以及为动力电池系统______功能。

二、实训计划

请根据实训目的，确定实训过程中所需要的工具、设备、检测仪器及防护用具等。并对小组成员进行合理的分工，制订详细的实训计划。

1. 将实训过程中所需要的工具、设备、检测仪器及防护用具填入表 1-4-3 中。

表 1-4-3　实训设备或工具

序号	名称	型号与规格	单位	数量	备注

2. 小组成员分工（全班学生以 6 人为一个小组，各组选出组长并进行任务分工，将小组成员及分工情况填入表 1-4-4 中）。

学习笔记

表 1-4-4　小组成员及任务分工

小组成员	姓名	任务分工
组长		
组员		

三、实训总结

对本次实训进行总结，并将操作过程中遇到的问题及相应解决方案填入表 1-4-5 中。

表 1-4-5　实训总结

序号	操作内容	遇到的问题及相应解决方案

四、实训综合评价

实训考核评价表见表 1-4-6。

表 1-4-6　实训考核评价表

项目名称	评价内容	分值	评价分数		
			自评	互评	师评
职业素养考核	无迟到、无早退、无旷课	8 分			
	仪容仪表符合规范要求	8 分			
	具备良好的安全意识与责任意识	10 分			
	具备良好的团队合作与交流能力	8 分			
	具备较强的纪律执行能力	8 分			
	保持良好的作业现场卫生	8 分			
专业能力考核	积极参加教学活动，按时完成任务单	16 分			
	操作规范，符合作业规程	16 分			
	操作熟练，工作效率高	18 分			
合计		100 分			
总评	自评(20%)＋互评(20%)＋师评(60%)		指导教师：		

学习笔记

五、课后练习

（一）选择题

1. 动力电池的能量储存与输出都需要模块来进行管理，即动力电池能量管理模块，也称为动力电池管理系统或动力电池能量管理系统，简称（　　）。

A. BBC　　B. ABS　　C. BMS　　D. EPS

2. （　　）主要包括以电流、电压、温度、SOC 和 SOH 为输入进行充电过程控制，及以 SOC、SOH 和温度等参数为条件进行放电功率控制两个部分。

A. 能量管理　　B. 安全管理　　C. 热管理　　D. 以上都不对

（二）判断题

1. 动力电池管理系统控制功能主要包括：数据采集、电池状态计算、能量管理、安全管理、热管理、均衡控制、通信功能和人机接口等。（　　）

2. 动力电池管理系统（BMS）的组成可以分为硬件和软件。（　　）

3. 电池低压管理系统的功能是“监控”动力电池的单体电压、电池组的温度。（　　）

4. 在 BMS 的更换过程中，拆卸时注意螺丝与配件的拆卸，防止掉入模组引起内部短路事故。（　　）

5. 在安装插接器时，要注意观察与插口是否对应，安装好插接器后，需要检查是否安装到位。（　　）

学习笔记

实训五　动力电池管理系统性能检测

一、实训目的

1. 能对新能源汽车动力电池管理系统性能进行检测。
2. 能够描述动力电池管理系统的主要控制参数。
3. 能够描述动力电池管理系统的故障及对整车的影响。

二、实训内容

1. 对新能源汽车仪表板信息进行识读。
2. 检测动力电池管理系统性能。
3. 掌握动力电池管理系统的故障诊断流程及控制器更换流程。

三、实训设备

实训整车、车辆防护用品、诊断仪、绝缘电阻表、示波器、绝缘手套、护目镜、绝缘鞋、高压警示牌、绝缘垫、隔离带、绝缘工具套装。

四、实训步骤

1. 新能源汽车仪表盘常用信息识读

新能源汽车仪表盘常用信息识读见表1-5-1。

表1-5-1　新能源汽车仪表盘常用信息识读

序号	图标	颜色	含义
1		红	动力电池故障
2		黄	动力电池断开
3	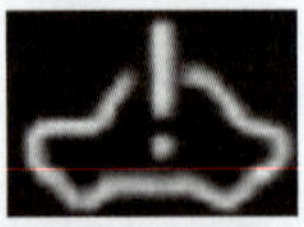	红	整车系统故障
4		红	充电线连接指示灯

续表

序号	图标	颜色	含义
5		黄	充电提醒灯
6		红	12 V 蓄电池充电故障指示灯

2. 动力电池管理系统性能

动力电池管理系统(BMS)的数据流,主要涉及对电池的电压、温度、电流等各项参数进行实时监控与动态估算,这些数据可以实时反映动力电池的状态及其对整车性能的影响。动力电池管理系统数据流含义见表 1-5-2。

表 1-5-2　动力电池管理系统数据流含义

序号	数据流名称	实测值	数据含义
1	电池包外侧总电压	364. 5 V	外部负载电压
2	电池包的绝缘值	1 740 kΩ	电池包绝缘阻值
3	电池健康度(SOH)值	100%	相对出厂时电池容量
4	荷电状态(SOC)值	69%	当前电量
5	电池包外侧总电压	364. 4 V	开路电压
6	电池包累加电压	364. 8 V	单体电池电压之和
7	电池包最高单体电压	3 976 mV	单体电池最高电压
8	电池包最低单体电压	3 852 mV	单体电池最低电压
9	电池包主正继电器状态	接通	高压上电正极
10	电池包主负继电器状态	接通	高压上电负极
11	电池包预充继电器状态	断开	初始上电正极
12	电池包高压互锁状态	连接	判断高压部件均正常
13	电池包最高温度	20 ℃	电池包温度
14	电池包平均温度	20 ℃	电池包温度
15	电池包最低温度	20 ℃	电池包温度
16	电池包报警级别	正常	故障警告
17	电池包单体电压报警状态	正常	故障警告
18	电池包总电压状态	正常	故障警告
19	电池包温度状态	正常	故障警告
20	电池包绝缘报警指示	正常	故障警告

学习笔记

学习笔记

3. 动力电池管理系统故障级别分类

根据故障对整车的影响,动力电池管理系统故障划分为三个等级。

(1)一级故障(非常严重)

动力电池上报该故障一段时间后会造成整车出现安全事故,如起火、爆炸、触电等。动力电池在正常工作下不会上报该故障,BMS一旦上报该故障表明动力电池处于严重滥用状态。

(2)二级故障(严重)

动力电池上报该故障会造成整车进入跛行、暂时停止能量回馈、停止充电。动力电池正常工作下不会上报该故障,BMS一旦上报该故障表明动力电池某些硬件出现故障或动力电池处于非正常工况。

(3)三级故障(轻微)

动力电池上报该故障对整车无影响或不同程度的造成整车进入限功率行驶状态。动力电池正常工作状态可能上报该故障, BMS一旦上报该故障表明动力电池处于极限环境温度下或单体电池一致性出现一定劣化等。

4. 动力电池管理系统故障级别的名称与编码

不同级别的故障,有对应的故障名称、故障编码以及对整车的影响。各故障级别中,相同的故障名称,根据故障程度级别不同,以不同故障代码区分。另外,不同批次车辆,相同的故障名称可能会有不同的故障编码,以诊断仪显示的编码与解释为准。

(1)一级故障名称与编码对照

一级故障名称和编码对照表见表1-5-3。

表1-5-3　一级故障名称和编码对照表

故障名称	故障编码	对整车的影响
单体电压过压	P0004	行车模式:电池放电电流降为0,断高压,无法行车; 车载充电:请求停止充电/停止加热,主正、主负继电器断开; 直流快充:BMS发送终止充电,主正、主负继电器断开
电池外部短路(放电过流)	P0006	
温度过高	P0007	
电池内部短路	P0014	

(2)二级故障名称与编码对照

二级故障名称和编码对照表见表1-5-4。

表1-5-4　二级故障名称和编码对照表

故障名称	故障编码	对整车影响
单体电压欠压	P0269	行车模式:限功率至放电电流25 A
BMS内部通信故障	P0279	行车模式:限功率至放电电流25 A,“最大允许充电电流”调整为0; 充电模式:发送请求停止充电,如果上报故障后2 s内未收到响应,BMS主动断开高压继电器或加热器
BMS硬件故障	P0284	
BMS与车载充电机通信故障	P0283	车载充电模式:请求停止充电,或请求停止加热,如果上报故障后2 s内未收到响应,BMS主动断开高压继电器或加热继电器
温度过高	P0258	行车模式:限功率至放电电流25 A,“最大允许充电电流”调整为0

续表

故障名称	故障编码	对整车影响
绝缘电阻过低	P0276	行车模式:限功率至放电电流 25 A,“最大允许充电电流”调整为 0; 充电模式:发送请求停止充电,如果上报故障后 2 s 内未收到响应,BMS 主动断开高压继电器或加热器
加热元件故障	P0281-1	充电模式:请求停止加热,如果上报故障后 2 s 内未收到响应,BMS 主动断开高压继电器或加热器

(3)三级故障名称与编码对照表

三级故障名称和编码对照表见表 1-5-5。

表 1-5-5　三级故障名称和编码对照表

故障名称	故障代码	对整车影响	恢复条件
温度过高故障	P1043	行车模式:放电功率降为当前状态的 50%	重新上电
绝缘电阻过低	P1047	上报不处理	
电压不均衡	P1046	行车模式:放电功率降为当前状态的 40%	
单体电压欠压	P1040		
温度不均衡	P1045	上报不处理	
放电过流	P1042	行车模式:放电功率降为当前状态的 50%	

5. 动力电池管理系统故障级别的区分

利用故障诊断仪器读取数据流,根据实际数值,可以进一步确定故障级别。以北汽新能源 E150EV 数据流(见表 1-5-6)为例,动力电池单体温度 45 ℃时为三级故障、50 ℃时为二级故障、55 ℃时为一级故障(各品牌电池数据有差异,详见各车型维修资料)。

表 1-5-6　北汽新能源 E150 EV 数据流

名　　称	当前值	单　　位
动力电池充放电电流	0	A
动力电池 SOC	56	%
动力电池单体最低电压	3. 28	V
动力电池单体最高电压	3. 29	V
动力电池当前电流	2. 18	A
动力电池单体最高温度	24	℃
动力电池单体最低温度	21	℃
BMS 生命信号	0	
动力电池主负继电器状态	On	
动力电池主正继电器状态	On	
冷却风扇状态	On	
加热状态	On	
挡位状态	N	

学习笔记

续表

名　　称	当前值	单　　位
加速踏板信号 1 电压	0. 76	V
加速踏板信号 2 电压	0. 36	V
冷却风扇继电器 1#状态	OFF	

6. 动力电池管理控制器更换流程

如果确认动力电池管理控制器有问题，导致车辆不能运行，以下是更换步骤。

①将车辆退电至 OFF 挡，等待 5 min。

②打开前舱盖。

③拔掉电池管理控制器上连接的动力电池采样线与整车低压线束的接插件，拔掉整车低压线束在电池管理控制器支架上的固定卡扣。

④用 10 号套筒拆卸电池管理控制器的三个固定螺母。

⑤更换电池管理器，插上动力电池采样线与整车低压线束的接插件，确认连接到位。

⑥用 10 号套筒拧紧电池管理控制器的三个固定螺母。

⑦整车上电再次确认问题是否解决。

⑧解决结束。

学习笔记

实训五　　学生任务单

实训名称		实训场地		实训时间	
实训内容					

一、知识准备

BMS 通过____________、____________及____________检测等功能，实现对动力电池系统的____________、欠压、____________、过高温和____________保护，以及继电器控制、____________、充放电管理、加热或保温、____________、故障报警及处理、与其他控制器通信功能等功能；此外电池管理系统还具有高压回路____________功能，以及为动力电池系统____________功能。

动力电池管理系统控制功能主要包括：____________、电池状态计算、____________、安全管理、____________、____________、通信功能和人机接口等。

二、实训计划

请根据实训目的，确定实训过程中所需要的工具、设备、检测仪器及防护用具等。并对小组成员进行合理的分工，制订详细的实训计划。

1. 将实训过程中所需要的工具、设备、检测仪器及防护用具填入表 1-5-7 中。

表 1-5-7　实训设备或工具

序号	名称	型号与规格	单位	数量	备注

2. 小组成员分工（全班学生以 6 人为一个小组，各组选出组长并进行任务分工，将小组成员及分工情况填入表 1-5-8 中）。

学习笔记

表 1-5-8　小组成员及任务分工

小组成员	姓名	任务分工
组长		
组员		

三、实训总结

对本次实训进行总结，并将操作过程中遇到的问题及相应解决方案填入表 1-5-9 中。

表 1-5-9　实训总结

序号	操作内容	遇到的问题及相应解决方案

四、实训综合评价

实训考核评价表见表 1-5-10。

表 1-5-10　实训考核评价表

项目名称	评价内容	分值	评价分数		
			自评	互评	师评
职业素养考核	无迟到、无早退、无旷课	8 分			
	仪容仪表符合规范要求	8 分			
	具备良好的安全意识与责任意识	10 分			
	具备良好的团队合作与交流能力	8 分			
	具备较强的纪律执行能力	8 分			
	保持良好的作业现场卫生	8 分			
专业能力考核	积极参加教学活动，按时完成任务单	16 分			
	操作规范，符合作业规程	16 分			
	操作熟练，工作效率高	18 分			
合计		100 分			
总评	自评(20%) + 互评(20%) + 师评(60%)		指导教师：		

学习笔记

五、课后练习

(一)选择题

1. 属于动力电池管理系统采集的主要控制参数的是(　　)。

A. 充电电流与温度　　B. 充电加热与保温

C. 放电状态具备条件　　D. 以上都错

2. 不属于动力电池内部条件的内容是(　　)。

A. 储电能量 >10%　　B. 电池温度在 −20 ~ 45 ℃

C. 高压线束连接正常　　D. 单体电芯温度差 <25 ℃

3. 根据故障对整车的影响,动力电池管理系统故障划分为(　　)个等级。

A. 2　　B. 3　　C. 4　　D. 5

4. 汽车故障诊断仪通常具有的功能是(　　)。

A. 读取故障代码　　B. 读取数据流

C. 对执行器进行动作测试　　D. 查看波形

(二)判断题

1. 动力电池管理系统(BMS)出现故障时,仪表盘通常会点亮故障指示灯。　(　　)

2. 动力电池管理系统的故障,在连接故障诊断仪之前,需要对蓄电池电压及整车的低压线束的供电进行检查。　(　　)

3. 汽车诊断仪通常是在点火钥匙在 ON 挡的时候,直接连接上去的。　(　　)

学习笔记

实训六 动力电池管理系统故障诊断与排除

一、实训目的

1. 能够对新能源汽车动力电池系统功能进行分析。
2. 能根据故障现象制定合理的诊断流程。
3. 能熟练使用维修工具对故障进行诊断与排除。

二、实训内容

1. 掌握动力电池管理系统故障诊断与维修方法。
2. 根据故障现象制定合理的诊断流程。
3. 使用维修设备及工具进行诊断与维修。

三、实训设备

电动实训整车、车辆防护用品、诊断仪、万用表、绝缘电阻表、保险丝若干、继电器多个、绝缘手套、护目镜、绝缘鞋、高压警示牌、隔离带、绝缘工具套装等。

四、实训步骤

1. 动力电池管理系统的常见故障及现象

①ON 挡故障——低压无法上电，仪表盘无法点亮。

②主接触器故障——高压无法上电，仪表显示动力电池故障灯，无法行驶。

③霍尔传感器故障——无法正常行驶。

④温度传感器故障——仪表盘温度指示灯点亮，温度显示异常。

⑤CAN 总线故障——低压无法上电。

2. 动力电池管理系统的故障诊断流程

①检查蓄电池电压及整车低压线束供电是否正常，标准电压值为 12 ~ 14 V，如果电压值低于 12 V，在进行步骤③之前请充电或更换蓄电池或检查整车低压线束。

②对接好接插件，整车上电，进入电池管理器对故障代码进行诊断。

③针对故障进行调整、维修或更换。

④确认测试。

⑤结束。

3. 动力电池管理系统相关电路数据

（1）高压互锁电路

新能源汽车动力电池管理系统端子定义、标准值及故障现象见表 1-6-1。

表 1-6-1　动力电池管理系统端子定义、标准值及故障现象

端子	定　义	标准值	故障现象
1/14	电源 正极 常电	12～14 V	仪表正常,高压上电异常
27	电源 正极 点火开 关电压	12～14 V	REDAY 灯未亮,仪表有报警声,动力电池故障指示灯点亮,仪表提示请检查 ESP 系统,请检查车辆网络,请检查电子驻车系统,请检查转向系统,请检查挡位系统,请检查 SRS 系统,请检查制动系统,请检查胎压系统,ABS 灯点亮,ESP 灯点亮,动力系统故障灯点亮,胎压信息丢失,胎压报警,EPS 灯点亮
7/19	电源负极	0 V	仪表正常,高压上电异常
15	动力网 CANH	2.6 V	REDAY 灯未亮,仪表有报警声,动力电池故障指示灯点亮,仪表提示请检查 ESP 系统,请检查车辆网络,请检查电子驻车系统,请检查转向系统,请检查挡位系统,请检查 SRS 系统,请检查制动系统,请检查胎压系统,ABS 灯点亮,ESP 灯点亮,动力系统故障灯点亮,胎压信息丢失,胎压报警,EPS 灯点亮
16	动力网 CANL	2.2 V	REDAY 灯未亮,仪表有报警声,动力电池故障指示灯点亮,仪表提示请检查 ESP 系统,请检查车辆网络,请检查电子驻车系统,请检查转向系统,请检查档位系统,请检查 SRS 系统,请检查制动系统,请检查胎压系统,ABS 灯点亮,ESP 灯点亮,动力系统故障灯点亮,胎压信息丢失,胎压报警,EPS 灯点亮
12	动力网屏蔽线	0 V	仪表正常,高压上电异常
22	高压互锁输入	0.4～3.8 V	行驶功能受限,高压上电异常
23	高压互锁输出	0.4～3.8 V	行驶功能受限,高压上电异常

(2)直流充电系统

直流充电系统端子定义、标准值及故障现象见表 1-6-2。

表 1-6-2　直流充电系统端子定义、标准值及故障现象

端子	定义	标准值	故障现象
31	直流充电唤醒信号	上电:0.3 V 直流充电:12 V	直流充电未见异常,依然能直流充电
20	连接确定	6 V	直流充电异常,仪表无充电显示
5	充电枪直流正极 温度信号	2.2 V	充电枪连接后,有充电连接显示,能直流充电
17	充电枪直流正极 温度接地信号	0 V	充电枪连接后,有充电连接显示,能直流充电
6	充电枪直流负极 温度信号	2.2 V	充电枪连接后,有充电连接显示,能直流充电
18	充电枪直流负极 温度接地信号	0 V	充电枪连接后,有充电连接显示,能直流充电

(3)交流慢充系统

交流慢充系统端子定义、标准值及故障现象见表 1-6-3。

表 1-6-3　交流慢充系统端子定义、标准值及故障现象

端子	定义	标准值	故障现象
C	电源正极,常电	12 ~ 14 V	交流充电未见异常
L	电源正极,点火开关电压	12 ~ 14 V	REDAY 灯未亮,仪表有报警声,仪表报低压供电系统故障,DC/DC 故障灯点亮
D	电源负极	0 V	REDAY 灯未亮,仪表有报警声,仪表报低压供电系统故障,DC/DC 故障灯点亮
DC/DC	蓄电池充电线	12 ~ 14 V	交流充电未见异常
A	动力网 CANH	2.2 V	REDAY 灯未亮,仪表有报警声,仪表报低压供电系统故障,DC/DC 故障灯点亮
B	动力网 CANL	0 V	REDAY 灯未亮,仪表有报警声,仪表报低压供电系统故障,DC/DC 故障灯点亮
F	充电连接确认 CC	上电:12.8 V 交流充电:1.3 V	充电连接指示灯未亮起,界面信息无
G	充电控制引导 CP	上电:0 V 交流充电:-9 V	充电连接指示灯亮起,充电界面无功率信息
E	DC/DC 使能	12 V	充电连接指示灯未亮起,界面信息无
M	DC/DC 故障	5 V	交流充电未见异常
H	DC/DC 唤醒	上电:0 V 交流充电:-9 V	充电连接指示灯亮起,充电界面无功率信息

4. 高压互锁故障

高压互锁故障是在新能源汽车行驶过程中,由于连接不良、温度过高等原因导致连接可靠性出现问题,导致故障的原因有以下几点。

①DC/DC 故障。

②DC/DC 继电器端子未插接牢靠。

③主板或转接板故障,导致 DC/DC 继电器不闭合。

5. 无法充电故障

新能源汽车无法充电的原因有很多,涉及环境因素、设备故障、接口问题、电池内部问题以及电池管理系统的干预等方面,其故障原因可能出现在以下部件或者线路上。

①充电机与主板未正常通信。

②充电机或主板故障不能正常启动。

③BMS 检测到故障,不允许充电。

④充电保险丝损坏,无法形成充电回路。

6. 温度采集异常

电动汽车温度采集异常需要从检查温度传感器、线束连接、BMS 硬件以及电源加载等方面入手,确保各部件的正常运作,从而恢复温度采集的正常功能。温度采集异常的可能原因如下:

①温度传感器失效。

②温度传感器线束连接不可靠。

③BMS 存在硬件故障。

④更换从板后没有重新加载电源。

7. 主接触器的检测与更换

(1)主接触器的检测

①将故障诊断仪接入 OBD 诊断座中,打开诊断仪电源和车辆电源开关,进入该车系统进行自动扫描,清除故障代码,经诊断该车无故障代码存在。

②进入电池管理系统,读取并记录相关数据流。

③查询电气原理图,将红表笔与 B28(B)-32 号针脚连接、黑表笔与搭铁连接,测量电压为 12.90 V。

④查询电气原理图,车辆上电,用背插针连接 BK45(A)-9 号针脚,将黑表笔与搭铁连接,观察是否有压降。如果测量电压小于 1 V,证明线路和主接触器无故障。接触器控制信号电路图,如图 1-6-1 所示。

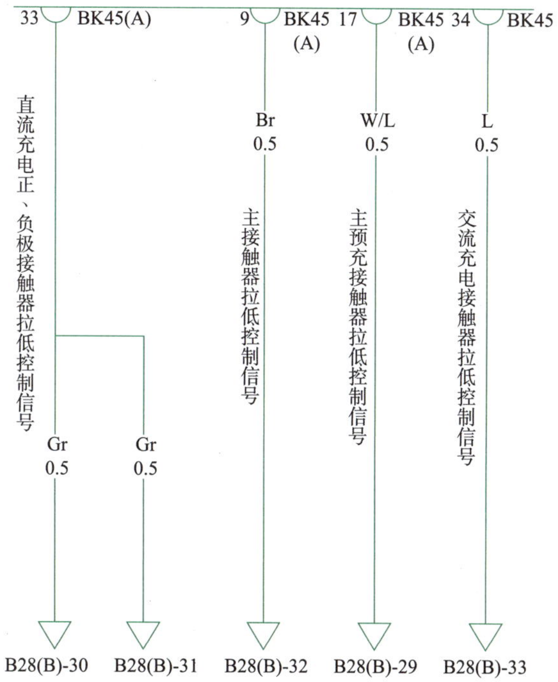

图 1-6-1　接触器控制信号电路图

(2)高压接触器的更换

①车辆防护及其个人安全防护。

②车辆下电且断开蓄电池负极。

③拆下维修开关,放置于专用位置。

④拆下高低压母线并验电(电压应小于 1 V),并用电工胶布对高低压母线进行包裹。

⑤拆卸主正接触器的连接器。

⑥拆卸主接触器与交流、直流接触器的固定螺栓与线束。

学习笔记

⑦拆卸主接触器。

⑧安装新的主接触器。

8. CAN通信故障

CAN线或电源线脱落、端子退针都会导致通信故障。

(1)电池管理系统BMS不能与整车控制单元VCU通信

故障原因:BMS不工作、CAN双绞线断线。

故障排除:检查BMS的供电是否正常;检查CAN-H高位线、CAN-L低位线是否断、退针或插接器没有插牢;调取CAN通信端口数据,解析CAN数据帧查看是否能够收到BMS或者VCU的数据帧。

(2)电池管理系统BMS与整车控制单元VCU通信不稳定

故障原因:外部CAN总线匹配不良、总线分支过长。

故障排除:检测CAN总线匹配电阻是否正确,匹配位置是否正确,分支是否过长。

(3)电池管理系统BMS内部通信不稳定

故障原因:CAN双绞线插头松动、CAN双绞线布线不规范、BMS地址有重复。

故障排除:检测CAN双绞线是否松动;检测CAN总线匹配电阻是否正确,匹配位置是否正确,分支是否过长;检查BMS地址是否重复。

学习笔记

实训六　学生任务单

实训名称		实训场地		实训时间	
实训内容					

一、知识准备

BMS不仅要保证＿＿＿＿＿＿安全可靠的使用，而且要充分发挥电池的能力并延长使用寿命，作为电池与＿＿＿＿＿＿以及驾驶者沟通的桥梁，通过控制＿＿＿＿＿＿控制动力电池组的＿＿＿＿＿＿，并向VCU上报动力电池系统的＿＿＿＿＿＿及故障信息。

监视电池电压、电流、＿＿＿＿＿＿是否超过正常范围，防止电池组过充、＿＿＿＿＿＿。现在，在对电池组进行整组监控的同时，多数电池管理系统已经发展到对极端＿＿＿＿＿＿进行过充电、过放电、＿＿＿＿＿＿等安全状态管理。

二、实训计划

请根据实训目的，确定实训过程中所需要的工具、设备、检测仪器及防护用具等。并对小组成员进行合理的分工，制订详细的实训计划。

1. 将实训过程中所需要的工具、设备、检测仪器及防护用具填入表1-6-4中。

表1-6-4　实训设备或工具

序号	名称	型号与规格	单位	数量	备注

2. 小组成员分工（全班学生以6人为一个小组，各组选出组长并进行任务分工，将小组成员及分工情况填入表1-6-5中）。

学习笔记

表 1-6-5　小组成员及任务分工

小组成员	姓名	任务分工
组长		
组员		

三、实训总结

对本次实训进行总结，并将操作过程中遇到的问题及相应解决方案填入表 1-6-6 中。

表 1-6-6　实训总结

序号	操作内容	遇到的问题及相应解决方案

四、实训综合评价

实训考核评价表见表 1-6-7。

表 1-6-7　实训考核评价表

项目名称	评价内容	分值	评价分数		
			自评	互评	师评
职业素养考核	无迟到、无早退、无旷课	8 分			
	仪容仪表符合规范要求	8 分			
	具备良好的安全意识与责任意识	10 分			
	具备良好的团队合作与交流能力	8 分			
	具备较强的纪律执行能力	8 分			
	保持良好的作业现场卫生	8 分			
专业能力考核	积极参加教学活动，按时完成任务单	16 分			
	操作规范，符合作业规程	16 分			
	操作熟练，工作效率高	18 分			
合计		100 分			
总评	自评(20%)＋互评(20%)＋师评(60%)		指导教师：		

学习笔记

五、课后练习

(一)选择题

1. 车载充电机高压互锁电路没有连接或高压绝缘电阻偏低,BMS将阻断动力蓄电池(　　)。

A. 总正继电器　　B. 总负继电器

C. 总正与总负继电器　　D. 维修开关

2. 加热状态时,BMS将闭合(　　),通过PTC给动力电池包内的电芯进行加热。

A. 负极继电器与加热继电器　　B. 负极继电器

C. 加热继电器　　D. 以上均正确

(二)判断题

1. 直流充电在各个阶段,充电机与BMS如果在规定的时间内没有收到对方报文或没有收到正确报文,即判定为超时。(　　)

2. 当动力电池包单体电池出现欠压时,BMS会切断相应高压接触器,切断输出高压电输出,从而保护动力电池包。(　　)

3. 高压环路互锁信号由BMS模块接收。(　　)

4. BMS通过CAN总线与整车控制器、仪表与充电机通信,可确保电池在安全的环境下使用与充电。(　　)

项目三

动力电池冷却与低压电源系统检修

学习笔记

实训七 动力电池冷却系统检修

一、实训目的

1. 认识动力电池冷却系统的结构组成。
2. 能够进行冷却系统水泵与风扇的故障检修。

二、实训内容

1. 熟悉动力电池冷却系统的结构组成。
2. 动力电池冷却水泵不工作与风扇低速挡不运转故障检修。

三、实训设备

实训整车、车辆防护用品、诊断仪、万用表、绝缘电阻表、保险丝若干、继电器多个、绝缘手套、护目镜、绝缘鞋、高压警示牌、隔离带、绝缘工具套装等。

四、实训步骤

1. 动力电池冷却系统的结构组成

北汽 EV160 冷却系统为水冷，由储液壶、散热水箱、电子水泵、驱动电机、驱动电机控制器、高压配电单元 PDU 以及水管组成储液壶、电子水泵分别如图 1-7-1、图 1-7-2 所示。

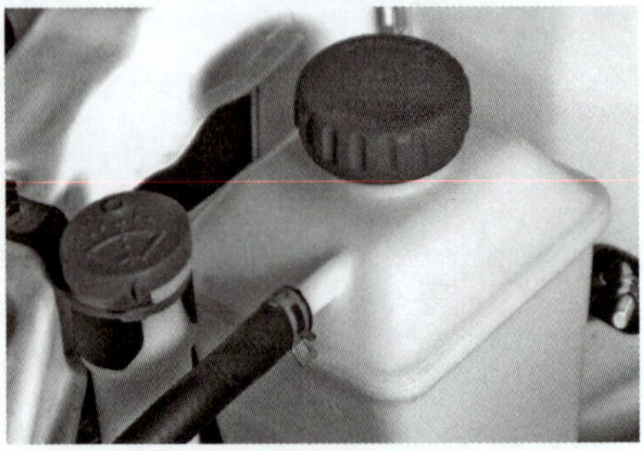

图 1-7-1 储液壶

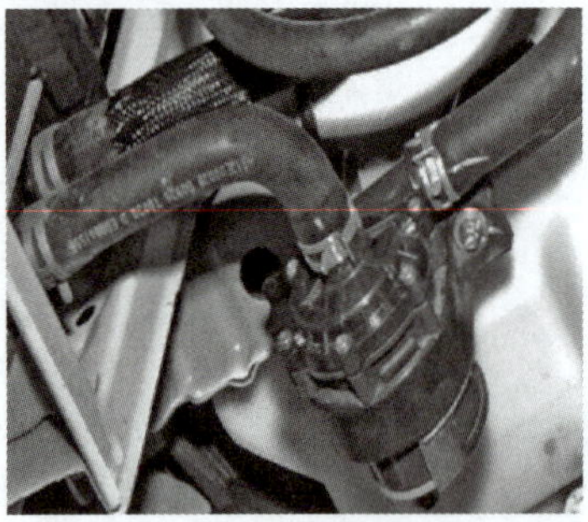

图 1-7-2 电子水泵

储液壶能看到冷却液的液位,电子水泵工作带动冷却液从散热水箱到驱动电机控制器,再从驱动电机控制器流向 PDU,再从 PDU 的出水口流向驱动电机,驱动电机的出水口连接散热器,高温的冷却液经散热器降温。

目视检查如下:

①检查可能影响冷却系统性能的售后加装装置。

②检查易于接触或能够看到的冷却系统部件、线路,以查明其是否有明显损坏或存在可能导致故障的情况。

③检查易于看到或能够看到的冷却系统管路,以查明是否有冷却液泄漏现象。可以使用故障诊断仪中的"功能测试",以快速判断故障。

2. 冷却系统水泵不工作故障检修

动力电池冷却系统(ESS)的电池能量管理模块(BMS)负责控制电动水泵,电动水泵会在动力电池温度上升到 32.5 ℃时开启,在温度低于 27.5 ℃时关闭,BMS 发出要求电池冷却器膨胀阀关闭与水泵运转的信号。排除冷却系统水泵不工作故障,是此实训的主要内容。

(1)取下水泵保险丝

断开点火开关,拆开辅助蓄电池负极,取下保险丝盒盖与保险片夹子,取下 MB02(20A)水泵保险丝,如图 1-7-3 所示,然后取下 R05 水泵继电器。

(2)检测保险丝

①打开万用表,将万用表调至电阻挡,红表笔与黑表笔对表,阻值为 0.1 Ω。

②红表笔与黑表笔分别连接保险丝端子,测量值为 0.6 Ω,说明保险丝正常无损坏,如图 1-7-4 所示。

图 1-7-3　取下 MB02(20 A)水泵保险丝

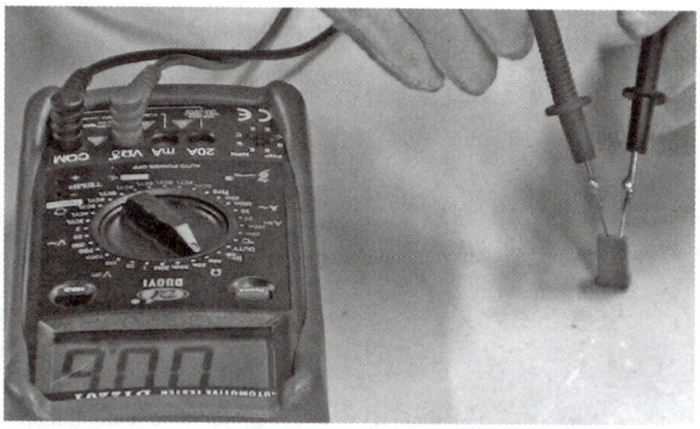

图 1-7-4　红表笔与黑表笔分别连接保险丝端子

③收起红表笔与黑表笔,关闭万用表。

(3)测量保险丝到继电器端线路的通断

①检测保险丝到继电器 30 号端子的线路通断。

a. 打开万用表,并将万用表调至电阻挡。

b. 红表笔与黑表笔对表,阻值为 0.3 Ω,正常阻值应小于 1 Ω。

c. 红表笔连接继电器 30 号端子,黑表笔连接保险丝 MB02 号端子。

d. 根据测量值判断线路通断(正常值为导通,无穷大为断路)。

②检测保险丝到继电器 86 号端子的线路通断。

学习笔记

a. 红表笔连接继电器 86 号端子。

b. 黑表笔连接保险丝 MB02 号端子。

c. 根据测量值判断线路通断(正常值为导通,无穷大为断路)。

d. 收起红表笔与黑表笔,关闭万用表。

(4)测量继电器到电子水泵线路的通断

①打开万用表,将万用表调至电阻挡。

②红表笔与黑表笔对表,阻值为 0.3 Ω。

③黑表笔连接继电器 87 号端子,红表笔连接电子水泵插接器 1 号脚。

④根据测量值判断线路通断(正常值为导通,无穷大为断路)。

⑤收起红表笔与黑表笔,关闭万用表。

(5)测量继电器到控制单元 VCU 的线路通断

①拆卸控制单元 VCU 插接器。

②打开万用表,将万用表调至电阻挡。

③红表笔与黑表笔对表,阻值为 0.3 Ω(正常阻值应小于 1 Ω)。

④红表笔连水泵继电器 85 号线束端子,黑表笔连控制单元 VCU 115 号端子。

⑤根据测量值判断线路通断(正常值为导通,无穷大为断路)。

⑥收起红表笔与黑表笔,关闭万用表。

(6)检查控制单元 VCU 线路的通断

①打开万用表,将万用表调至电阻挡。

②红表笔与黑表笔对表,阻值为 0.3 Ω(正常阻值应小于 1 Ω)。

③黑表笔连接控制单元 VCU115 号端子,红表笔连接车身搭铁。

④根据测量值判断线路通断(正常值为导通,无穷大为断路)。

⑤收起红表笔与黑表笔,关闭万用表。

(7)检测继电器是否正常

①检测继电器线圈电阻。

a. 打开万用表,将万用表调至电阻挡。

b. 红表笔与黑表笔对表,阻值为 0.3 Ω(正常阻值应小于 1 Ω)。

c. 红表笔连接继电器 85 号端子,黑表笔连接继电器 86 号端子,如图 1-7-5 所示。

d. 测量值为 76.6 Ω,正常(正常范围 75 ~ 80 Ω)。

②检测继电器线圈绝缘性。

a. 红表笔与黑表笔对表,阻值为 0.3 Ω(正常阻值应小于 1 Ω)。

b. 红表笔连继电器 85 号线束端子,黑表笔分别连继电器 30 与 87 号端子。

图 1-7-5　检测继电器线圈电阻

c. 测量值为无穷大(正常应为无穷大)。

d. 黑表笔连接继电器 86 号端子,红表笔分别连接继电器 30 与 87 号端子。

e. 测量值为无穷大(正常应为无穷大)。

学习笔记

f. 收起红表笔与黑表笔，关闭万用表。

注意事项：30 和 87 号端子为常开开关，测量值应为无穷大。

③继电器加载测量。

a. 打开万用表，将万用表调至电阻挡。

b. 红表笔与黑表笔对表，阻值为 0.3 Ω（正常阻值应小于 1 Ω）。

c. 12 V 电源红表笔连接继电器 86 号端子，12 V 电源黑表笔连接继电器 85 号端子。

d. 打开模拟 12 V 电源开关。

e. 黑表笔连接继电器 30 号端子，红表笔连接继电器 87 号端子，测量值为无限大（正常应无穷大）。

f. 收起红表笔与黑表笔，关闭万用表。

g. 收起模拟 12 V 电源红表笔与黑表笔，关闭模拟 12 V 电源开关。

（8）安装蓄电池负极

安装蓄电池负极，并使用 10 mm 扳手紧固负极线固定螺栓，标准力矩：10 N · m。

（9）检测保险丝电源电压

①打开万用表，将万用表调至电压挡。

②红表笔连接保险丝 MB02 号电源端子，黑表笔连低压蓄电池负极端子。

③测量值为低压蓄电池电源电压（正常值为低压蓄电池电源电压）。

④收起红表笔与黑表笔。

（10）检测继电器电源电压

①安装 MB02（20A）水泵保险丝。

②打开万用表，将万用表调至电压挡。

③红表笔连接继电器 86 号电源端子，黑表笔连接低压蓄电池负极端子。

④测量值为低压蓄电池电源电压（正常值为低压蓄电池电源电压）。

⑤收起红表笔与黑表笔。

⑥红表笔连接继电器 30 号电源端子，黑表笔连接低压蓄电池负极端子。

⑦测量值为低压蓄电池电源电压（正常值为低压蓄电池电源电压）。

⑧收起红表笔与黑表笔，关闭万用表，安装 R05 水泵继电器与保险丝盒盖。

3. 冷却风扇低速挡不运转故障检修

①检查整车控制器熔断丝 EF09（10A）、SF08（40A），检修熔断丝电路。

②检查冷却风扇低速继电器。

③检查整车控制器电源、搭铁之间的电压。

④检查散热器风扇搭铁电路。

⑤检查散热器风扇电源、搭铁之间的电压。

⑥检查散热低速继电器与散热器风扇之间的电路。

⑦检查散热低速继电器与整车控制器之间的电路。

⑧更换整车控制器。

学习笔记

实训七 学生任务单

实训名称		实训场地		实训时间	
实训内容					

一、知识准备

冷却系统利用____________的原理,通过____________在各个独立的冷却系统回路中循环,使____________、PEB 与____________保持在最佳的工作温度。冷却液是 50% 的水与 50% 的____________技术(OAT)的混合物。冷却液要____________才能保持其最佳效率与耐____________。冷却液会损坏油漆表面。如果冷却液溢出,要迅速擦掉冷却液且用____________冲洗。

二、实训计划

请根据实训目的,确定实训过程中所需要的工具、设备、检测仪器及防护用具等。并对小组成员进行合理的分工,制订详细的实训计划。

1. 将实训过程中所需要的工具、设备、检测仪器及防护用具填入表 1-7-1 中。

表 1-7-1 实训设备或工具

序号	名称	型号与规格	单位	数量	备注

2. 小组成员分工(全班学生以 6 人为一个小组,各组选出组长并进行任务分工,将小组成员及分工情况填入表 1-7-2 中)。

表 1-7-2　小组成员及任务分工

小组成员	姓名	任务分工
组长		
组员		

三、实训总结

对本次实训进行总结，并将操作过程中遇到的问题及相应解决方案填入表 1-7-3 中。

表 1-7-3　实训总结

序号	操作内容	遇到的问题及相应解决方案

四、实训综合评价

实训考核评价表见表 1-7-4。

表 1-7-4　实训考核评价表

项目名称	评价内容	分值	评价分数		
			自评	互评	师评
职业素养考核	无迟到、无早退、无旷课	8 分			
	仪容仪表符合规范要求	8 分			
	具备良好的安全意识与责任意识	10 分			
	具备良好的团队合作与交流能力	8 分			
	具备较强的纪律执行能力	8 分			
	保持良好的作业现场卫生	8 分			
专业能力考核	积极参加教学活动，按时完成任务单	16 分			
	操作规范，符合作业规程	16 分			
	操作熟练，工作效率高	18 分			
合计		100 分			
总评	自评(20%)＋互评(20%)＋师评(60%)		指导教师：		

学习笔记

五、课后练习

（一）选择题

1. 除了极少数车型没有采用冷却系统以外，目前应用在动力电池上的冷却方式有两种，分别是（　　）。

A. 风冷、油冷　　B. 油冷、水冷　　C. 水冷、风冷　　D. 以上都不正确

2. 不属于水冷式动力电池冷却系统的主要部件的是（　　）。

A. 中冷器　　B. 电子水泵　　C. 冷却管路　　D. 冷却液控制阀

3. 万用表检查自身的内阻，正常的内阻值应小于（　　）Ω。

A. 0.1　　B. 1　　C. 3　　D. 5

4. 用万用表快速判断线路的通断，通常采用的挡位是（　　）。

A. 电阻挡　　B. 电压挡　　C. 电流挡　　D. 蜂鸣挡

（二）判断题

1. 动力电池冷却系统主要由冷却液泵、膨胀水箱、散热器、电池冷却器组成。（　　）

2. 蓄电池（动力电池）在温度较低的时候，利用乘客舱内空调产生的冷空气对电池组进行冷却。（　　）

3. 用万用表测量保险丝的端子，测量值电阻为无穷大，说明保险丝损坏。（　　）

4. 动力电池的温度对电池性能没有什么影响。（　　）

5. 目前国内常见的全部新能源汽车的电动机及控制器都采用冷却系统。（　　）

6. 水冷式动力电池系统的冷却效果优于风冷式动力电池系统。（　　）

学习笔记

实训八　新能源汽车低压电源系统检修

一、实训目的

1. 能够描述新能源汽车低压电源系统与传统汽车的区别。
2. 新能源汽车低压电源系统的认识与更换。
3. 能够进行新能源汽车低压电源系统故障诊断与检修。

二、实训内容

1. 通过实训，熟悉新能源汽车低压电源系统的结构组成。
2. 新能源汽车低压电源系统的认识与更换。
3. 检修新能源汽车低压电源系统。

三、实训设备

实训整车、车辆防护用品、诊断仪、万用表、绝缘电阻表、保险丝若干、继电器多个、绝缘手套、护目镜、绝缘鞋、高压警示牌、隔离带、绝缘工具套装等。

四、实训步骤

1. 低压蓄电池亏电对整车的影响

新能源汽车，不管是强混、插电/增程式混合动力，还是纯电动汽车，整个系统架构上都用DC/DC来取代原有的发电机，用高压的电动机直接驱动车辆。整个12 V低压电气架构的改变，使得原有12 V蓄电池的使用特性产生了改变，它的作用就只变成了一个辅助能量单元，而不需要提供瞬时的高功率了。在较早的普锐斯HEV车型上，12 V电池就已经转换为AGM的铅酸电池，混合动力汽车12 V、电源系统如图1-8-1所示。

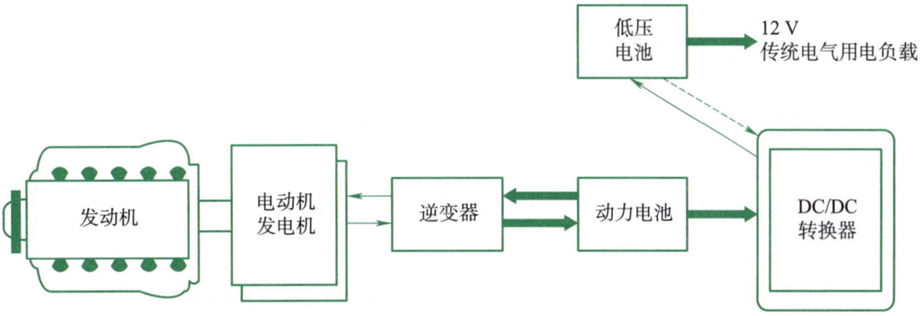

图1-8-1　混合动力汽车12 V电源系统

2. 新能源汽车低压电源系统故障诊断与检修

本次实训将介绍北汽EV系列纯电动汽车12 V低压电源系统的故障诊断与检修方法，其他型号的车辆请参照相关的维修手册或资料。

学习笔记

(1)12 V 蓄电池故障

①故障现象:点火开关置于 ON 挡,仪表显示蓄电池故障,系统故障灯点亮。

②可能原因:蓄电池本身故障、DC/DC 转换器故障或 DC/DC 与蓄电池连接电路故障。

③检查与排除方法:

a. 检查蓄电池电压值是否正常。

b. 检查低压保险盒内 DC/DC 的保险丝是否正常。

c. 检查 DC/DC 电源正负极供电电路是否正常。

d. 检查高压控制盒对接高压线束插件的电路是否正常。

e. 检查 DC/DC 变换器输出端的搭铁线负极插件端子是否正常。

f. 如果不正常,分别对故障点进行更换或检修。

(2)DC/DC 故障

DC/DC 发生故障时,利用故障检测仪器读取控制单元存储的 DTC(故障代码),会读取到"P1792 DC/DC 故障"和"P1796 DC/DC 驱动通道对电源短路故障"等故障代码,故障代码说明表见表 1-8-1。

表 1-8-1　DC/DC 故障代码说明表

DTC	DTC 定义	DTC 检测条件	故障现象	可能的故障原因
P1792	DC/DC 故障	钥匙门至 ON/START 挡	仪表蓄电池 故障指示灯亮	DC/DC 故障
P1796	DC/DC 驱动通道 对电源短路故障	钥匙门至 ON/START 挡	DC/DC 线束短路	DC/DC 线束与 插头故障

①P1792 DC/DC 故障检测步骤:

a. 使用电动汽车专用故障检测仪清除故障代码。

b. 将点火开关打到 ON 挡,使用万用表电压挡测量检查 DC/DC 输出电压是否异常(正常输出电压 13.2～13.5 V)。

c. 检测高压控制盒中的 DC/DC 高压保险是否熔断。

d. 检测高压保险至 DC/DC 之间的插头及线束是否异常。

e. 检查 DC/DC 低压输出线至低压蓄电池之间的线束是否正常。

②P1796 DC/DC 驱动通道对电源短路故障检测步骤:

a. 检查 DC/DC 控制插头 14 中的针脚 1 至低压保险盒中的 DC/DC 控制继电器中的 23 号线束是否导通。

b. 检查 DC/DC 控制插头 14 中的针脚 2 至仪表 12 针脚、整车控制器 24 针脚 60 之间的线束是否导通。

DC/DC 控制插头与控制单元端子图分别如图 1-8-2、图 1-8-3 所示。

③DC/DC 转换器本体检查。

经过以上检修以后,使用电动汽车专用故障检测仪清除故障代码。

④DC/DC 转换器快速检查诊断表见表 1-8-2。

学习笔记

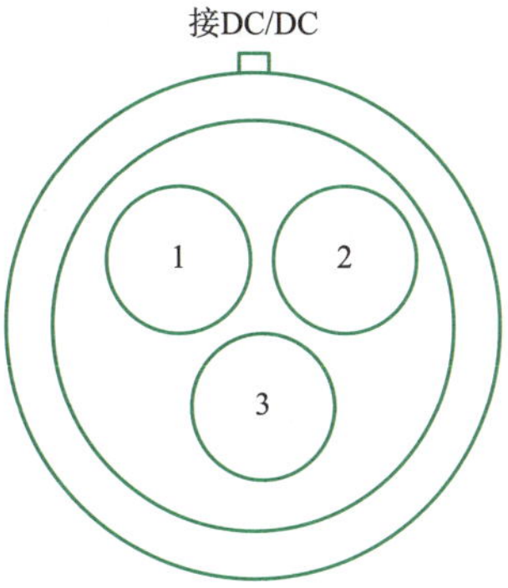

图 1-8-2　DC/DC 控制插头

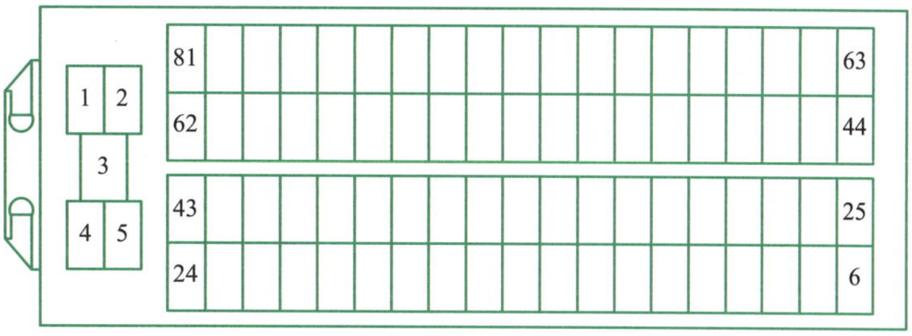

图 1-8-3　DC/DC 控制单元示意图

表 1-8-2　DC/DC 转换器快速检查诊断表

序号	检查步骤	检查结果		
0	初步检查	正常	有故障	操作方法
	检测保险丝是否熔断	检查第 1 步	保险丝熔断	更换保险丝
1	检查高压保险丝	正常	有故障	操作方法
	检查高压保险丝是否熔断	检查第 2 步	高压保险丝熔断	更换高压保险丝
2	检查继电器	正常	有故障	操作方法
	检查 DC/DC 继电器是否损坏	检查第 3 步	DC/DC 继电器损坏	更换 DC/DC 继电器
3	检查控制器(VCU)	正常	有故障	操作方法
	检查控制器(VCU)是否损坏	检查第 4 步	控制器(VCU)损坏	更换控制器(VCU)
4	检查 DC/DC 转换器电路	正常	有故障	操作方法
	检查 DC/DC 转换器供电是否正常	检查第 5 步	DC/DC 转换器短路或断路	维修供电线路
5	检查 DC/DC 转换器	正常	有故障	操作方法
	检查 DC/DC 转换器是否损坏	检查第 6 步	DC/DC 转换器损坏	更换 DC/DC 转换器
6	检查操作	正常	有故障	操作方法
	正确检修操作后,检查故障是否出现	诊断结束	故障消失	从其他症状查找故障原因

⑤DC/DC 转换器接口定义。北汽 EV 系列电动汽车 DC/DC 转换器接口图如图 1-8-4 所示,接口定义见表 1-8-3。

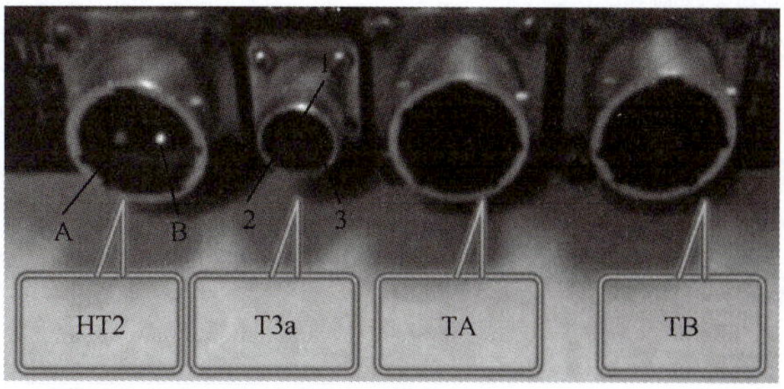

图 1-8-4　DC/DC 转换器接口

学习笔记

表 1-8-3　DC/DC 转换器接口定义

接口	针脚号	针脚功能	线束走向
HT2	A	直流输入 -	高压控制盒
	B	直流输入 +	高压控制盒
T3a	1	12 V 输入	低压控制盒
	2	故障报警线	整车控制器
	3	负极输入	接地点
TA	+ Vout	12 V 输出	低压蓄电池正极
TB	- Vout	12 V 输出	低压蓄电池负极

3. DC/DC 变换器的更换

当 DC/DC 变换器发生故障时，需要进行更换，以下是具体更换步骤。

(1)准备工作

给车辆安装车内三件套；打开前机舱盖，安装翼子板布、前格栅布。按照规范流程进行下电操作。

(2)DC/DC 变换器拆卸流程

①依次断开低压和高压线束。

②拆卸固定螺栓。

③取下 DC/DC 变换器。

(3)更换新的 DC/DC 变换器

将 DC/DC 变换器安装到位后，安装固定螺栓；安装高压线束与低压线束。

(4)安装后检查

①将车钥匙置于 LOCK 挡位，用万用表测量低压蓄电池电压应为 12 V 左右。

②将车钥匙置于 ON 挡位，用万用表测量低压蓄电池电压应为 14 V 左右。

③取下前格栅布、翼子板布以及车内三件套。

4. DC/DC 变换器的维护

①检查 DC/DC 变换器的外壳有无变形、有无明显的碰撞痕迹，进而检查散热翅片之间是否有异物，如果有可用压缩空气吹走异物，以免影响 DC/DC 变换器的散热性能。

②检查 DC/DC 变换器连接线束是否牢固，有无松动、破损或裂纹，如果有要及时进行更换或维修，以免造成漏电或短路。

③检查 DC/DC 变换器紧固螺栓是否锈蚀，紧固力是否足够，避免脱落导致 DC/DC 变换器松动。

④测量 DC/DC 变换器的输出电压是否正常，判断它是否正常工作。

⑤检测 DC/DC 变化器的绝缘性能，使用绝缘电阻表检测 DC/DC 变化器的高压接口绝缘电阻值，绝缘电阻一般应大于等于 100 MΩ。

学习笔记

实训八　学生任务单

实训名称		实训场地		实训时间	
实训内容					

一、知识准备

____________(PMU)用胶带捆绑固定在蓄电池____________电缆，控制单元(模块)本身包含电压、电流、____________，这些传感器用来采集蓄电池的工作状态。

PMU 通过传感器采集蓄电池电压、电流、温度信息，对蓄电池状态进行计算，并且获得整车的用电器工作状态和____________工作状态，实现整车供电系统对蓄电池的____________平衡、节能模式、____________等功能。

二、实训计划

请根据实训目的，确定实训过程中所需要的工具、设备、检测仪器及防护用具等。并对小组成员进行合理的分工，制订详细的实训计划。

1. 将实训过程中所需要的工具、设备、检测仪器及防护用具填入表 1-8-4 中。

表 1-8-4　实训设备或工具

序号	名称	型号与规格	单位	数量	备注

2. 小组成员分工(全班学生以 6 人为一个小组，各组选出组长并进行任务分工，将小组成员及分工情况填入表 1-8-5 中)。

学习笔记

表 1-8-5　小组成员及任务分工

小组成员	姓名	任务分工
组长		
组员		

三、实训总结

对本次实训进行总结，并将操作过程中遇到的问题及相应解决方案填入表 1-8-6 中。

表 1-8-6　实训总结

序号	操作内容	遇到的问题及相应解决方案

四、实训综合评价

实训考核评价表见表 1-8-7。

表 1-8-7　实训考核评价表

项目名称	评价内容	分值	评价分数		
			自评	互评	师评
职业素养考核	无迟到、无早退、无旷课	8 分			
	仪容仪表符合规范要求	8 分			
	具备良好的安全意识与责任意识	10 分			
	具备良好的团队合作与交流能力	8 分			
	具备较强的纪律执行能力	8 分			
	保持良好的作业现场卫生	8 分			
专业能力考核	积极参加教学活动，按时完成任务单	16 分			
	操作规范，符合作业规程	16 分			
	操作熟练，工作效率高	18 分			
合计		100 分			
总评	自评(20%)＋互评(20%)＋师评(60%)		指导教师：		

学习笔记

五、课后练习

(一)选择题

1. 目前在新能源汽车里 DC/DC 有(　　)种类型。

A. 5　　B. 2　　C. 4　　D. 3

2. 下面不需要佩戴绝缘手套拆装的是(　　)。

A. 动力电池　　B. DC/DC　　C. 驱动电机　　D. 前照灯

3. 点火开关置于 ON 挡,仪表显示蓄电池故障,系统故障灯点亮,可能的原因有(　　)。

A. 蓄电池本身故障　　B. DC/DC 转换器故障

C. DC/DC 与蓄电池连接电路故障　　D. 以上都对

(二)判断题

1. 新能源汽车低压电源供给是将动力电池的电能通过 DC/AC 进行转变为 12 V 低压电源。(　　)

2. 无论是传统汽车、混合动力汽车,还是纯电动汽车,都离不开蓄电池。(　　)

3. 新能源汽车里的 DC/DC 转换器的功能相当于传统燃油汽车中的发电机。(　　)

4. 北汽新能源汽车 12 V 电源管理系统由低压电源管理单元(PMU)控制。(　　)

5. 关于蓄电池的故障主要有两个原因,一是蓄电池本身储能下载,二是 DC/DC 系统故障无法给蓄电池充电。(　　)

项目四

充电系统检测与故障排除

学习笔记

实训九 快充系统检测与故障排除

一、实训目的

1. 能够描述新能源汽车快充系统的组成、充电条件要求等。
2. 能够进行快充充电接口外观检查与相关测量。
3. 能够对快充系统故障进行检测与故障排除。

二、实训内容

1. 通过实训，熟悉新能源汽车快充充电系统的组成、充电条件要求。
2. 进行充电接口外观检查与相关测量。
3. 快充系统故障诊断与故障排除。

三、实训设备

实训整车、车辆防护用品、充电桩、诊断仪、万用表、绝缘电阻表、绝缘手套、护目镜、绝缘鞋、高压警示牌、隔离带、绝缘工具套装等。

四、实训步骤

1. 快充系统组成

快充系统主要由充电设备（充电桩）、快充接头、PDU 总成、动力电池、整车控制器、高压线束和低压控制线束等组成。快充接头如图 1-9-1 所示。

（1）快充接头

①DC + 为直流电源正：750 V/1 000 V、80 A/125 A/200 A/250 A。

②DC – 为直流电源负：750 V/1 000 V、80 A/125 A/200 A/250 A。

③PE 为保护接地。

④S + 为充电通信 CAN-H：0 ~ 30 V/2 A。

⑤S – 为充电通信 CAN-L：0 ~ 30 V/2 A。

⑥CC_1 为充电确认线：0 ~ 30 V/2 A。

⑦CC_2为充电确认线:0～30 V/2 A。

⑧A＋为低压辅助电源正:0～30 V/2 A。

⑨A－为低压辅助电源负:0～30 V/2 A。

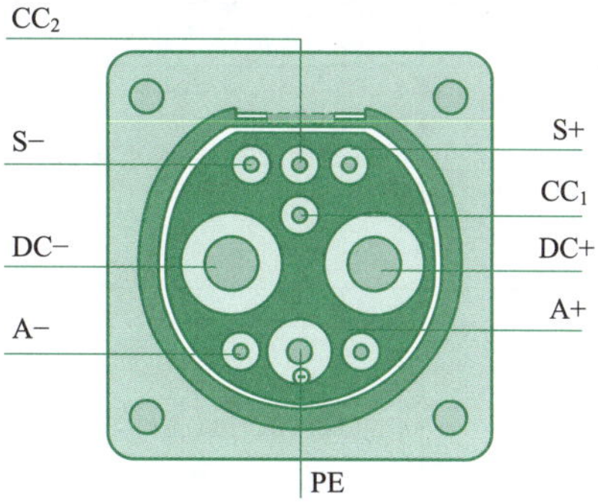

图 1-9-1　快充接头(直流充电)

(2)快充充电条件要求

①充电线连接确认信号正常。

②BMS 供电电源正常(12 V)。

③充电唤醒信号输出正常(12 V)。

④充电桩、VCU、BMS 之间通信正常。

⑤5 ℃＜动力电池电芯温度＜45 ℃。

⑥单体电池最高电压与最低电压差＜0.3 V。

⑦单体电池最高温度与最低温度差＜15 ℃。

⑧绝缘性能＞20 MΩ。

⑨实际单体最高电压不大于额定单体电压 0.4 V。

⑩高、低压电路连接正常(远程开关关闭状态)。

2. 直流快充流程及其故障现象

①直流快充流程:将快充枪插入快充口;操作快充桩刷卡或扫码进行充电;充电连接正常后,快充桩与车辆仪表会显示充电信息,如图 1-9-2 所示;充电完成后,操作快充桩结束充电;按下快充枪下压按钮,拔出快充枪并放回原位。

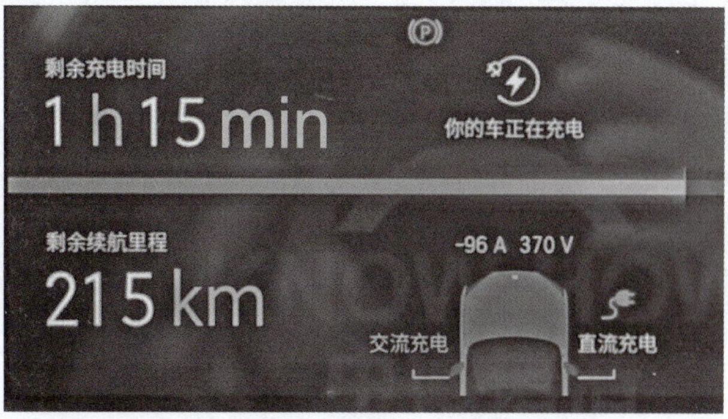

图 1-9-2　车辆仪表显示的充电信息

学习笔记

②故障现象：关闭点火开关，连接快充充电桩给车辆充电，刷卡后充电桩显示充电失败，车辆仪表未被唤醒，无充电连接符号。新能源汽车仪表充电系统指示灯见表 1-9-1。

表 1-9-1　仪表充电指示灯

<table>
<tr><th>序号</th><th>显示</th><th>名称</th><th colspan="2">指示说明</th></tr>
<tr><td>1</td><td></td><td>充电线连接指示灯</td><td colspan="2">点亮表示充电线连接，信号来源是 VCU 给出的硬线信号，低有效</td></tr>
<tr><td>2</td><td></td><td>充电提醒灯</td><td colspan="2">电量过低时点亮，信号来自 VCU 的 CAN 信号</td></tr>
<tr><td rowspan="7">3</td><td rowspan="7">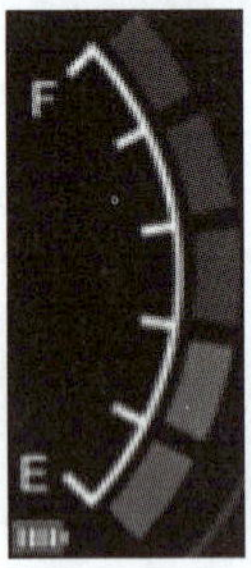</td><td rowspan="7">剩余电量表</td><td>当前 SOC 范围</td><td>剩余电量表 LED 电量数目</td></tr>
<tr><td>SOC > 82%</td><td>5</td></tr>
<tr><td>82%≥SOC > 62%</td><td>4</td></tr>
<tr><td>62%≥SOC > 42%</td><td>3</td></tr>
<tr><td>42%≥SOC > 22%</td><td>2</td></tr>
<tr><td>22%≥SOC > 5%</td><td>1</td></tr>
<tr><td>SOC≤5%</td><td>0</td></tr>
</table>

3. 快充充电接口检测

(1)充电口与充电枪外观检查

检查快充枪与车辆快充口各触头有无水渍、变形，触头是否损坏，检查快充口各连接触头的导电圈是否脱落，快充口外观状态，如图 1-9-3 所示。将所检查的结果填入表 1-9-2。

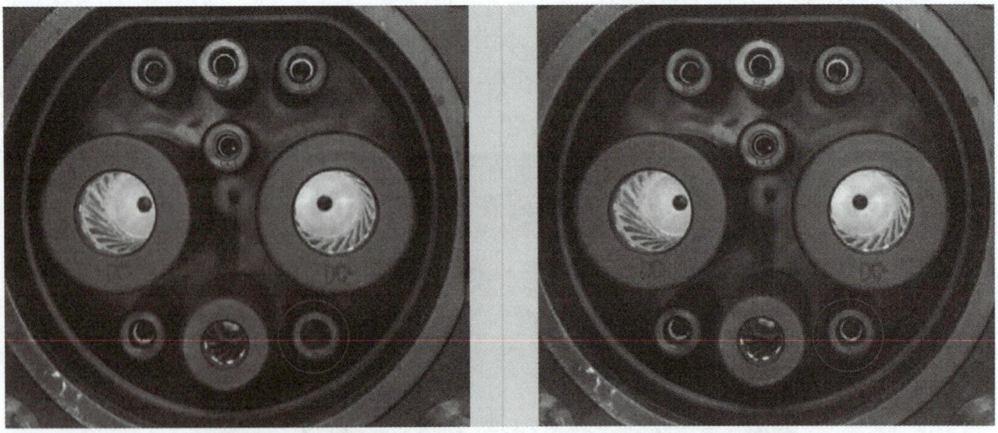

故障状态　　　　正常状态

图 1-9-3　充电口和充电枪外观状态

学习笔记

表 1-9-2　快充口外观检查

序号	触头	定义	检查是否正常
1	DC +	直流电源正极	是□ 否□
2	DC −	直流电源负极	是□ 否□
3	PE	保护接地	是□ 否□
4	S +	充电通信 CAN-H	是□ 否□
5	S −	充电通信 CAN-L	是□ 否□
6	CC_1	充电连接确认 1	是□ 否□
7	CC_2	充电连接确认 2	是□ 否□
8	A +	低压辅助电源正极	是□ 否□
9	A −	低压辅助电源负极	是□ 否□

(2)检测车辆快充口

充电连接确认 CC_1 与车身接地 PE 之间有电阻 R_4，需要对其阻值进行检查，R_4 等效电阻的标称值为 1 000 ± 30 Ω。未连接快充枪时，快充口 A + 与 A −、CC_2 与 PE 之间处于断路状态，快充口 S + 与 S − 间电阻应为 120 Ω，PE 与车身搭铁应为通路。将所检测的车辆快充口结果填入表 1-9-3。

表 1-9-3　检测车辆快充口

序号	检查内容	检测点		检测条件	检测类型	检测值	标准值
1	PE 与车身搭铁	PE	搭铁	未连接快充枪	电阻		<1 Ω
2	快充口 CC_1	CC_1	PE	未连接快充枪	电阻		(1 000 ± 30) Ω
3	快充口 S + 与 S −	S +	S −	未连接快充枪	电阻		120 Ω
4	快充口 CC_2	CC_2	PE	未连接快充枪	电阻		∞
5	快充口 A + 与 A −	A +	A −	未连接快充枪	电阻		∞

(3)检测快充枪

快充枪充电连接确认 CC_2 与设备接地 PE 之间有电阻 R_3，充电连接确认 CC_1 与设备接地 PE 之间有电阻 R_2 和常闭开关 S，需要对其阻值进行检查。R_2 与 R_3 等效电阻的标称值为 1 000 ± 30 Ω。将所检测的快充枪结果填入表 1-9-4。

表 1-9-4　检测快充枪

序号	检查内容	检测点		检测条件	检测类型	检测值	标准值
1	快充枪 CC_1	CC_1	PE	—	电阻		(1 000 ± 30) Ω
				按下慢充枪下压按钮	电阻		∞
2	快充枪 CC_2	CC_2	PE	—	电阻		(1 000 ± 30) Ω

学习笔记

4. 快充系统常见故障与检修

(1)动力电池继电器未闭合

检查充电桩输出正极唤醒信号是否正常;检查充电桩输出负极唤醒信号与 PE 是否导通;检查充电桩 CAN 通信是否正常。

(2)动力电池继电器正常闭合,但无输出电流

检查充电桩与动力电池 BMS 软件版本是否匹配。检查高压连接器及线缆是否正确连接;用诊断仪查看新能源汽车充电监控状态,见表 1-9-5。

表 1-9-5　动力电池充电状态监控

名称	当前值	单位
动力电池充电请求	请求充电	
动力电池加热状态	未加热	
动力电池当前充电状态	充电状态	
动力电池允许最大充电电流	10.0	A
动力电池加热电流请求值	6.0	A
动力电池允许最高充电端电压	370.00	V
剩余充电时间	0	min
动能回收 CHG 初始化状态	已完成	
动力电池加热状态	停止加热	
充电机当前充电状态	正在充电	
充电机输出端电流	7.5	A
充电机输出端电压	335.30	V
充电机输出端过压保护故障	正常	
充电机输出端欠压保护故障	正常	
充电机输出电流过流保护故障	正常	
充电机过温保护故障	正常	

(3)DC/DC 转换器不工作

检查连接器是否正常连接;检查高压保险是否熔断;检查供电、接地是否正常;检查使能信号输入是否正常(12 V)。拔下低压插件,使用万用表直流电压挡测量供电端引脚与蓄电池负极之间是否有 12 V 电压。

学习笔记

实训九　学生任务单

实训名称		实训场地		实训时间	
实训内容					

一、知识准备

直流充电(快充)主要是通过充电站的____________将直流高压电直接通过直流充电口给____________充电。

快速充电又称____________或应急充电,是以较大直流电流短时间在电动汽车停车的20 min至2 h内,为其提供充电服务,一般充电电流为____________ A。

传统加油站汽车加油整个流程为____________至8 min左右,充电站如果无法提供____________ min以内的快充服务,基本就失去了其社会____________的功能性。

二、实训计划

请根据实训目的,确定实训过程中所需要的工具、设备、检测仪器及防护用具等。并对小组成员进行合理的分工,制订详细的实训计划。

1. 将实训过程中所需要的工具、设备、检测仪器及防护用具填入表1-9-6中。

表1-9-6　实训设备或工具

序号	名称	型号与规格	单位	数量	备注

2. 小组成员分工(全班学生以6人为一个小组,各组选出组长并进行任务分工,将小组成员及分工情况填入表1-9-7中)。

学习笔记

表 1-9-7　小组成员及任务分工

小组成员	姓名	任务分工
组长		
组员		

三、实训总结

对本次实训进行总结，将实训过程中遇到的问题及相应解决方案填入表 1-9-8 中。

表 1-9-8　实训总结

序号	操作内容	遇到的问题及相应解决方案

四、实训综合评价

实训考核评价表见表 1-9-9。

表 1-9-9　实训考核评价表

项目名称	评价内容	分值	评价分数		
			自评	互评	师评
职业素养考核	无迟到、无早退、无旷课	8 分			
	仪容仪表符合规范要求	8 分			
	具备良好的安全意识与责任意识	10 分			
	具备良好的团队合作与交流能力	8 分			
	具备较强的纪律执行能力	8 分			
	保持良好的作业现场卫生	8 分			
专业能力考核	积极参加教学活动，按时完成任务单	16 分			
	操作规范，符合作业规程	16 分			
	操作熟练，工作效率高	18 分			
合计		100 分			
总评	自评(20%)＋互评(20%)＋师评(60%)		指导教师：		

学习笔记

五、课后练习

(一)选择题

1. 新能源汽车充电系统主要组成部分是(　　)。

A. 充电桩、车载充电器　　B. 充电桩、DC/DC

C. 车载充电器、DC/DC　　D. DC/DC、高压共轨

2. 关于快充接头,说法有误的是(　　)。

A. DC + 为直流电源正　　B. DC - 为直流电源负

C. S + 为充电确认线　　D. A + 为低压辅助电源正

3. 不属于拆装充电口的准备工作的是(　　)。

A. 关闭点火钥匙　　B. 拆卸轮胎

C. 蓄电池断电　　D. 拆卸前保总成

(二)判断题

1. 作为纯电动汽车的核心,动力电池的充电过程由 BMS 进行控制及保护。(　　)

2. 电桩作为新能源汽车充电系统的配套设施,有交流充电桩和直流充电桩。其中交流充电桩俗称“快充”,直流充电桩俗称“快充”。(　　)

3. 新能源汽车动力电池充电的方式主要有快速充电(交流快充)与常规充电(直流慢充)。(　　)

学习笔记

实训十 慢充系统检测与故障排除

一、实训目的

1. 能够描述新能源汽车慢充充电系统的组成及充电条件要求。
2. 能够进行慢充充电接口外观检查与相关测量。
3. 能够对慢充系统故障进行检测与排除。

二、实训内容

1. 通过实训，熟悉新能源汽车慢充充电系统的组成、充电条件要求。
2. 进行慢充充电接口外观检查与相关测量。
3. 慢充系统故障诊断与故障排除。

三、实训设备

实训整车、车辆防护用品、充电桩、诊断仪、万用表、绝缘电阻表、绝缘手套、护目镜、绝缘鞋、高压警示牌、隔离带、绝缘工具套装等。

四、实训步骤

1. 慢充系统组成

目前新能源汽车车载充电器功率都比较小，一般 3 kW 左右，采用 220 V 家用电的电流大概在 16 A 左右，一般情况下入户电流容量最大不超过 16 A。如果家用电缆电流过大，会因过载工作而有可能引起火灾。

家用慢充充电的充电桩插座交流充电器（AC 240 V/8 A），如图 1-10-1 所示。

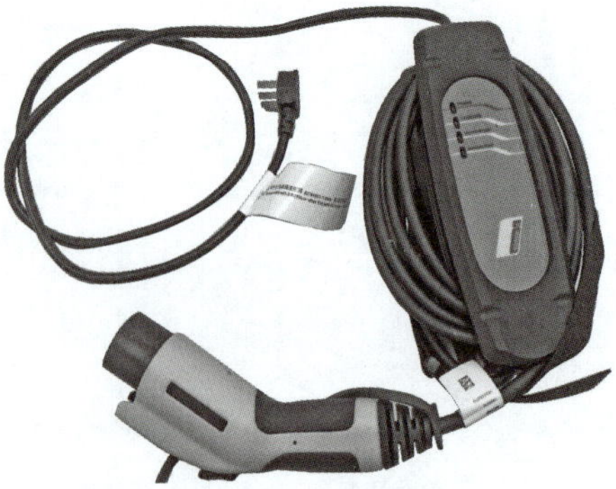

图 1-10-1 家用插座交流充电器

慢充系统主要由充电枪、慢充接头、PDU 总成、动力电池、整车控制器、高压线束与低压控制线束等组成。

(1)慢充接头

①CC 为充电连接确认，额定电压为 30 V，额定电流为 2 A。

车辆控制装置通过 CC(检测点 3)与 PE(车身地)之间的电阻来判断车辆插头是否与车辆插座完全连接。慢充接头如图 1-10-2 所示。

②CP 充电控制引导,额定电压为 30 V,额定电流为 2 A。

车辆控制装置通过 CP(检测点 2)的 PWM 占空比确认当前供电设备支持的最大充电电流。

③L 端子为交流电源(单相、三相),单相额定电压为 250 V,额定电流有 10 A、16 A、32 A 三种规格;三相额定电压为 440 V,额定电流有 16 A、32 A、63 A 三种规格。

④NC_1端子为交流电源(三相):三相额定电压为 440 V,额定电流有 16 A、32 A、63 A 三种规格。

⑤NC_2端子为交流电源(三相):三相额定电压为 440 V,额定电流有 16 A、32 A、63 A 三种规格。

⑥N 为中线(单相、三相):单相额定电压为 250 V,额定电流有 10 A、16 A、32 A 三种规格;三相额定电压为 440V,额定电流有 16 A、32 A、63 A 三种规格。

⑦PE 为保护地线。

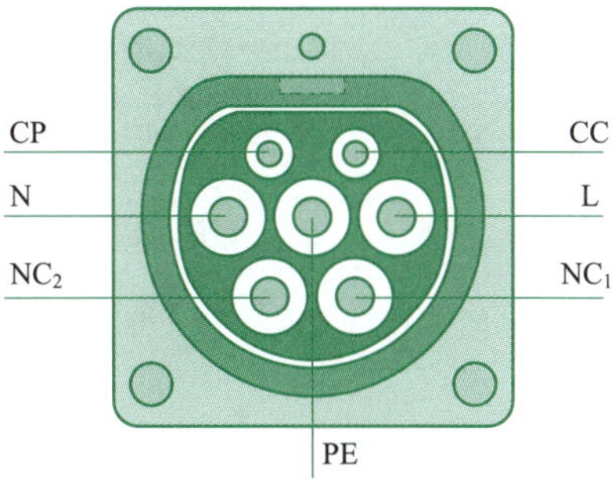

图 1-10-2　慢充接头(交流充电)

(2)充电条件要求

①充电线连接确认信号正常。

②充电机供电电源正常(含 220 V 与 12 V)及充电机工作正常。

③充电唤醒信号输出正常(12 V)。

④充电机、VCU、BMS 之间通信正常(主继电器闭合、发送电流强度需求)。

⑤ 0 ℃ < 动力电池电芯温度≤45 ℃。

⑥单体电池最高电压与最低电压差 < 0. 3 V。

⑦单体电池最高温度与最低温度差 < 15 ℃。

⑧绝缘性能 > 20 MΩ。

⑨实际单体最高电压不大于额定单体电压 0. 4 V。

⑩高、低压电路连接正常(远程控制开关关闭状态)。

2. 验证故障现象

(1)交流慢充连接方式

①连接方式 A:充电电缆组件与新能源汽车固定连接在一起,充电时,直接将供电插头插入慢充桩,如图 1-10-3 所示。

②连接方式 B:使用独立的活动电缆组件,充电时,分别将两端插头插入新能源汽车 慢充口和慢充桩供电插座,如图 1-10-4 所示。

③连接方式 C:充电电缆与慢充桩固定在一起,充电时,将慢充枪插入车辆慢充口,如图 1-10-5所示。

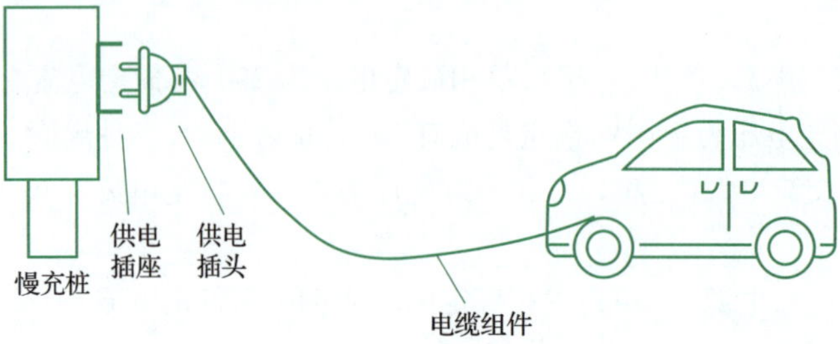

图 1-10-3　连接方式 A

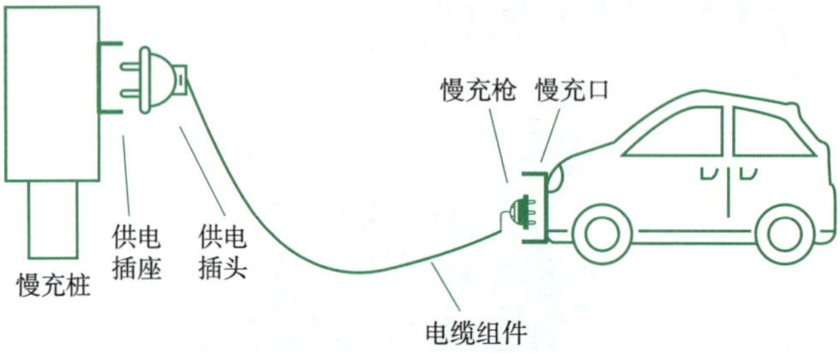

图 1-10-4　连接方式 B

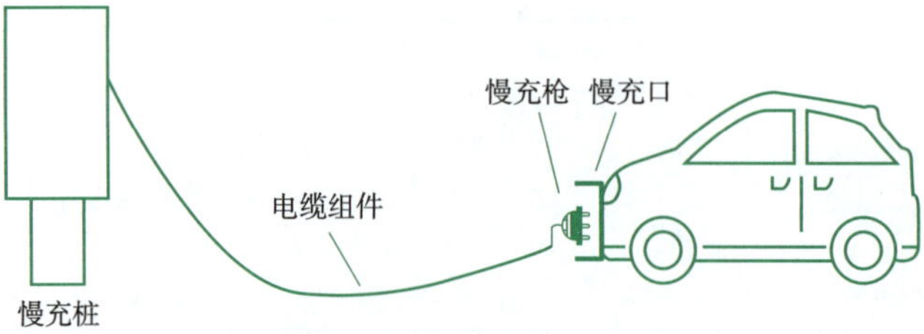

图 1-10-5　连接方式 C

(2)故障现象

关闭点火开关,连接慢充充电桩给车辆充电,刷卡后充电桩显示充电失败,车辆仪表未被唤醒,无充电连接符号。新能源汽车仪表充电系统相关的指示灯见表 1-10-1。

表 1-10-1　仪表显示充电指示灯

序号	显示	名称	指示说明
1	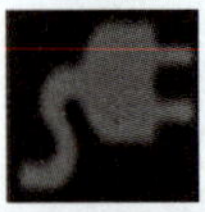	充电线连接指示灯	点亮表示充电线连接,信号来源是 VCU 给出的硬线信号,低有效
2		充电提醒灯	电量过低时点亮,信号来自 VCU 的 CAN 信号

续表

序号	显示	名称	指示说明	
3	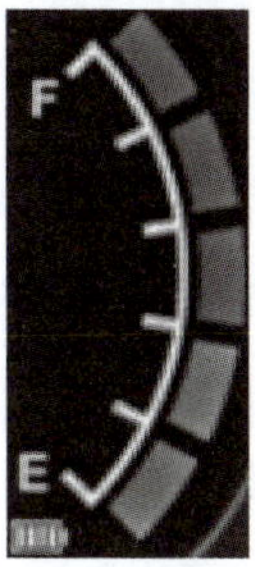	剩余电量表	当前 SOC 范围	剩余电量表 LED 电量数目
			SOC > 82%	5
			62% < SOC ≤ 82%	4
			42% < SOC ≤ 62%	3
			22% < SOC ≤ 42%	2
			5% < SOC ≤ 22%	1
			SOC ≤ 5%	0

3. 慢充充电接口检测

(1)外观检查

检查慢充口、慢充枪、供电插头、供电插座各触头有无水渍、变形,触头是否损坏,检查慢充连接线外观是否破损。

(2)检测车辆慢充口

未连接慢充枪时,慢充口充电连接确认线 CC 电压值为 12 V 或 5 V 左右(各车型标准电压值参考维修手册),PE 与车身搭铁应为通路,车辆慢充口检测表见表 1-10-2。

表 1-10-2　车辆慢充口检测表

序号	检测内容	检测点		检测条件	检测类型	检测值	标准值
1	PE 与车身搭铁	慢充口 PE	搭铁	—	电阻		<1 Ω
2	慢充口 CC	CC	PE	未连接慢充枪	电压		12 V 或 5 V 左右

(3)检测慢充连接线

未连接慢充桩和车辆时,慢充连接线供电插头端 CC 与 PE 之间、供电插头 CP 与慢充枪 CP 之间应为通路。

慢充枪端 CC 与 PE 之间电阻值应为 R_C 的阻值,按下慢充枪下压按钮后慢充枪端 CC 与 PE 之间电阻值应为 $R_C + R_4$ 的阻值;慢充枪端 CC 与供电插头端 CC 之间电阻值应为 R_C 的阻值,按下慢充枪下压按钮后两端 CC 之间电阻值应为 $R_C + R_4$ 的阻值。检测慢充连接线相关检测内容见表 1-10-3。

表 1-10-3　慢充连接线检测表

序号	检查内容	检测点		检测条件	检测类型	检测值	标准值
1	供电插头 CC 与 PE	供电插头 CC	供电插头 PE	—	电阻		<1 Ω
2	供电插头 CP 与慢充枪 CP	供电插头 CP	慢充枪 CP	—	电阻		<1 Ω
3	慢充枪 CC 与 PE	慢充枪 CC	慢充枪 PE	—	电阻		R_C 电阻值
4	慢充枪 CC 与 PE	慢充枪 CC	慢充枪 PE	按下慢充枪下压按钮	电阻		$R_C + R_4$ 电阻值

学习笔记

续表

序号	检查内容	检测点		检测条件	检测类型	检测值	标准值
5	慢充枪 CC 与供电插头 CC	慢充枪 CC	供电插头 CC	—	电阻		R_C电阻值
6	慢充枪 CC 与供电插头 CC	慢充枪 CC	供电插头 CC	按下慢充枪下压按钮	电阻		R_C+R_4电阻值

4. 慢充系统常见的故障诊断与排除

①故障现象：车辆在使用充电桩充电时，充电桩指示灯亮，充电器电源工作灯亮，车辆无法充电故障。

②可能原因：动力电池控制器故障、动力电池故障、通信故障。

③故障诊断与排除：根据上述故障现象充电桩与充电器工作指示灯正常，第一个检查对象应该放在通信与动力电池内部。用故障检测仪检测故障代码及数据流，读出故障代码：P1048（SOC 过低保护故障）、P1040（电池单体电压欠压故障）、P1046（电池电压不均衡保护故障）、P0275（电池电压不均衡保护故障）；读出数据流：动力电池单体电芯最低电压为 2.56 V、动力电池单体电芯最高电压为 3.2 V，单体电芯电压差大于 500 mV 时动力电池管理系统（BMS）启动充、放电保护而无法充电，经过更换动力电池单体电芯，动力电池故障解除，车辆恢复充电。

5. 车载充电器常见的故障诊断与排除

车载充电器故障信息将通过 CAN 总线报至总线上，通过 CAN 总线可以找出发生的故障信息。

（1）12 V 低压供电异常

当充电器 12 V 模块异常时，BMS、仪表等由于没有唤醒信号唤醒，无法与充电器进行通信。

当 12 V 未上电，最简单的判断方式就是交流上电的时候，电池没有发出继电器闭合的声音，一般都是 12 V 异常。此时需要检查低压保险盒内充电唤醒的保险及继电器，以及充电器端子是否出现退针的情况。

（2）充电器检测的电池电压不满足要求

此问题是在充电过程中，BMS 可以正常工作，但充电器工作开始前需要检测动力电池电压，当动力电池电压在工作范围内，车载充电器可以正常工作，否则充电器认为电池不满足充电的要求。此情况常见的故障点为高压插件端子退针或高压保险熔断，或者电池电压超过工作范围。

（3）充电器检测与充电桩握手不正常

充电器工作过程中会检测与充电桩之间的握手信号，当判断到 CC 的开关断开，充电器认为将要拔掉充电枪，此时会停止工作，防止带电插拔，提升充电枪端子寿命。当充电枪未插到位，可能出现此情况。

（4）充电桩输入电压正常，施工时电源线不符合标准所引起的无法充电故障

车辆在低温环境下，充电桩开始时与充电器连接正常，由于车辆动力电池低温下需将电芯加热至 0 ~ 5 ℃时才能进行正常充电，加热过程中，负载较小，电压下降并不多，进入充电过程时，负载加大，输入电压下降，充电桩为充电器提供的电源电压低于 187 V 时，充电器无法正常工作。充电器停止工作后，负载减小，测量时电压又恢复正常。这种情况一定要在充电器进入充电过程时测量实时准确电压，来找到故障所在。

另外，外接的充电电源接地线线路不良，是造成新能源汽车无法充电的常见原因。

学习笔记

实训十　学生任务单

实训名称		实训场地		实训时间	
实训内容					

一、知识准备

交流充电（慢充）主要是通过家用电源插头与＿＿＿＿＿＿接入交流充电口，通过车载充电器将＿＿＿＿＿＿交流电转为 330 V 直流电给动力电池进行充电。

车载充电器工作状态及指令均由＿＿＿＿＿＿发出的指令进行控制，包括工作模式指令、＿＿＿＿＿＿允许最大电压、充电允许＿＿＿＿＿＿、加热状态电流值。

二、实训计划

请根据实训目的，确定实训过程中所需要的工具、设备、检测仪器及防护用具等。并对小组成员进行合理的分工，制订详细的实训任务计划。

1. 将实训过程中所需要的工具、设备、检测仪器及防护用具填入表 1-10-4 中。

表 1-10-4　实训设备或工具

序号	名称	型号与规格	单位	数量	备注

学习笔记

2. 小组成员分工(全班学生以 6 人为一个小组,各组选出组长并进行任务分工,将小组成员及分工情况填入表 1-10-5 中)。

表 1-10-5 小组成员及任务分工

小组成员	姓名	任务分工
组长		
组员		

三、实训总结

对本次实训进行总结,并将实训过程中遇到的问题及相应解决方案填入表 1-10-6 中。

表 1-10-6 实训总结

序号	操作内容	遇到的问题及相应解决方案

四、实训综合评价

实训考核评价表见表 1-10-7。

表 1-10-7 实训考核评价表

项目名称	评价内容	分值	评价分数		
			自评	互评	师评
职业素养考核	无迟到、无早退、无旷课	8 分			
	仪容仪表符合规范要求	8 分			
	具备良好的安全意识与责任意识	10 分			
	具备良好的团队合作与交流能力	8 分			
	具备较强的纪律执行能力	8 分			
	保持良好的作业现场卫生	8 分			
专业能力考核	积极参加教学活动,按时完成任务单	16 分			
	操作规范,符合作业规程	16 分			
	操作熟练,工作效率高	18 分			
合计		100 分			
总评	自评(20%)+互评(20%)+师评(60%)		指导教师:		

五、课后练习

（一）选择题

1. 充电接口上，由于全球存在美、欧、（　　）三大充电接口标准，因此，各车企在配置适合各自技术路线上对充电接口也进行了区别设计。

A. 日　　B. 中　　C. 韩　　D. 德

2. 关于慢充接头，说法有误的是（　　）。

A. CC 端为充电连接确认　　B. PE 为保护地线

C. L 为中线　　D. CP 为充电控制引导

3. 不属于车载慢充的条件是（　　）。

A. 动力电池软件版本与充电桩软件版本匹配

B. ON 信号正常

C. 充电唤醒信号正常

D. 高压线束连接正常

4. 车载充电器常见的故障有（　　）。

A. 12 V 低压供电异常　　B. 充电器检测的电池电压不满足要求

C. 充电器检测与充电桩握手不正常　　D. 动力电池线路故障

（二）判断题

1. 新能源汽车的充电接口都是一样的。（　　）

2. 除了新能源汽车自身的故障原因外，无法充电也可能是充电接口和通信协议两方面的原因。（　　）

3. 车载充电器故障信息通过 CAN 总线报至总线上，通过 CAN 总线可以找出发生的故障信息。（　　）

第二部分

新能源汽车故障诊断技术实训指导

项目一

新能源汽车故障诊断技术基础

学习笔记

实训一　新能源汽车电路识读与分析

一、实训目的

1. 能辨识新能源汽车电路图中常用图形符号及标志。
2. 能描述新能源汽车电路图的基本组成及故障检修方法。
3. 养成严格执行检修规范、严谨科学的工作态度。

二、实训内容

1. 掌握新能源汽车电路图的基本组成及作用。
2. 掌握新能源汽车电路图中常用图形符号及标志。
3. 新能源汽车电路图的识读及使用方法。
4. 根据电路图在实车上找出相应器件及各种线束的位置。

三、实训设备

实训整车、对应车型的电路图、维修手册、万用表等。

四、实训步骤

1. 汽车电路图形符号

为了使电路图具有通用性，便于进行技术交流，构成电路图的图形符号与文字符号都有统一的国家标准与国际标准。要看懂电路图，必须了解图形符号与文字符号的含义、标注原则与使用方法。图形符号是用于电气图或其他文件中的表示项目或概念的一种图形、标记或字符，是电气技术领域中最基本的工程语言。因此，为了看懂汽车电路图，我们要熟练地掌握与运用常用的图形符号，必须记住且要求在实车上找到这些符号对应的实物。汽车电路图常用的图形符号见表 2-1-1。

学习笔记

表 2-1-1　汽车电路图常用的图形符号

图形符号	名称	图形符号	名称	图形符号	名称
	接地	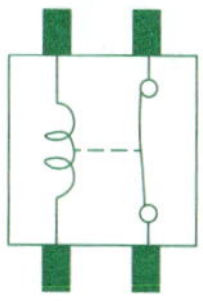	常闭继电器	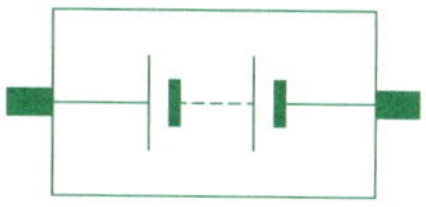	蓄电池
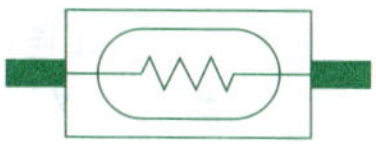	温度传感器	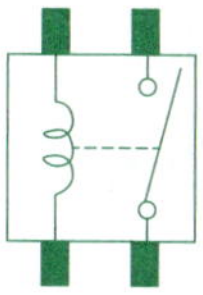	常开继电器		电容
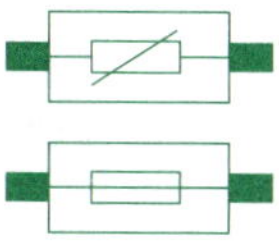	短接片	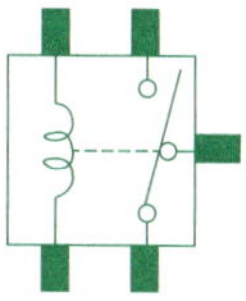	双掷继电器	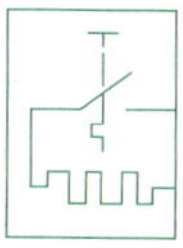	点烟器
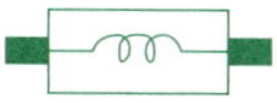	电磁阀	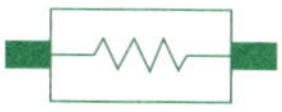	电阻		天线
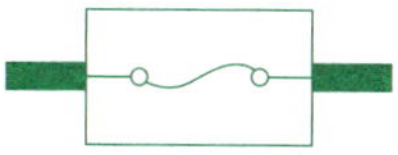	小负载保险丝	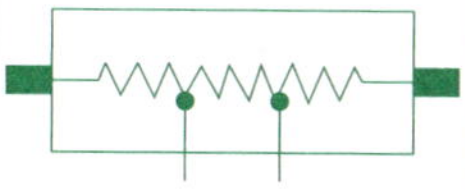	电位计	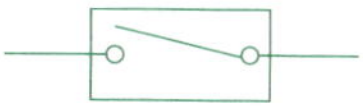	常开开关
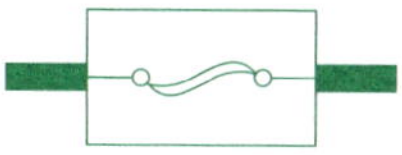	中负载保险丝	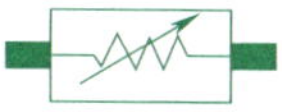	可变电阻	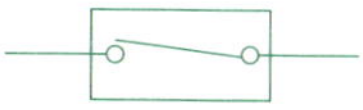	常闭开关
	大负载保险丝	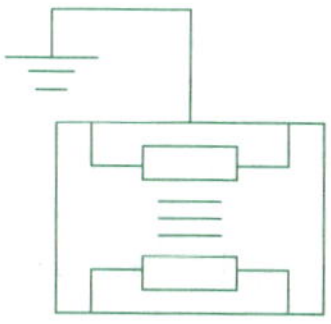	点火线圈	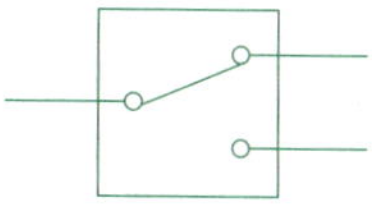	双掷开关
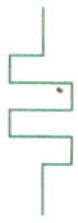	加热器	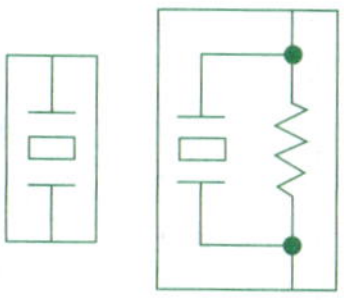	爆震传感器	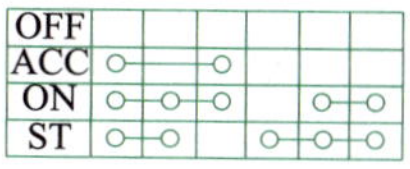	点火开关
	二极管		灯泡		双绞线
	发光二极管	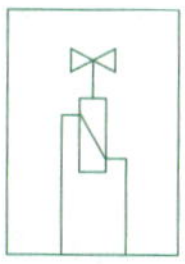	电磁阀	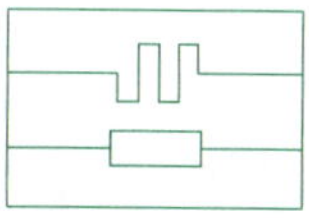	氧传感器

学习笔记

续表

图形符号	名称	图形符号	名称	图形符号	名称
	发光二极管	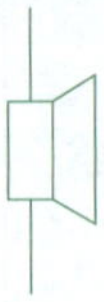	喇叭		电动机
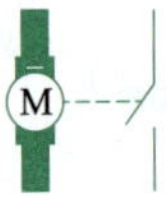	限位开关		未连接交叉线路	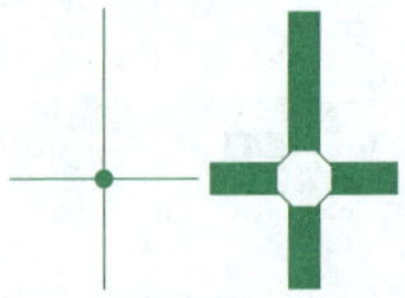	相连接交叉线路

2. 电路图的分类

汽车电路图的种类繁多，电路图也因车型不同存在一定的差别，常见的电路图有接线图、线束图、原理框图与电路原理图等。

①接线图。接线图是指专门用来标记电器安装位置、外形、线路走向等的指示图。它按照全车电器安装的实际位置绘制，部件与部件之间的连线按实际关系绘出，为了尽可能接近实际情况，图中的电器不用图形符号，而是用该电器的外形轮廓或特征表示，在图上还尽量将线束中同路的导线画在一起。图 2-1-1 是吉利帝豪 EV300 车辆稳定控制系统接线图。

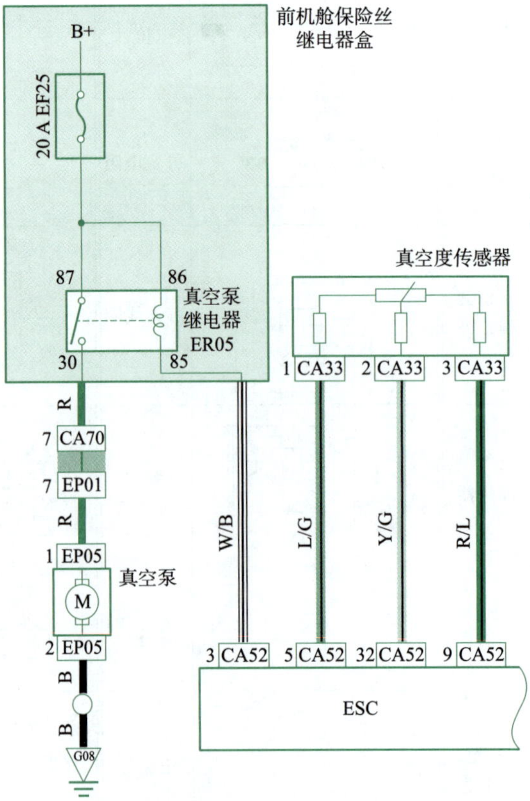

图 2-1-1　吉利帝豪 EV300 车辆稳定控制系统接线图

②线束图。线束图表明了电路线束与各用电器的连接部位、接线柱的标记、线头、插接器的形状及位置等，是人们在汽车上能够实际接触到的汽车电路图。从线束图中可以了解到线束的走向，并可以通过露在线束外面的线头与插接器详细编号或字母标记得知线束各插接器的位置。线束图常用于汽车制造厂总装线和修理厂的线束连接、检修、配线与更换。不同的生产厂商，线束图略有不同。吉利帝豪 EV300 动力线束（高压配电）布置图，如图 2-1-2 所示。

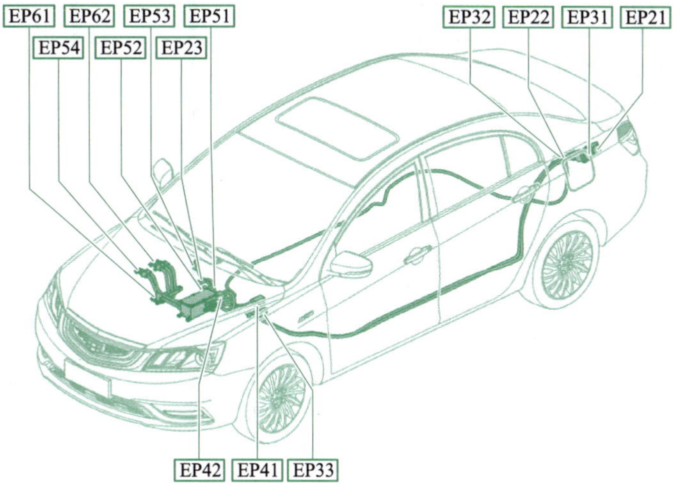

图 2-1-2　吉利帝豪 EV300 动力线束（高压配电）布置图

③原理框图。原理框图是用框图的形式来表达其原理，它的作用在于能够清晰地表达比较复杂的原理。由于汽车的电气系统较为复杂，为概略地表示各个汽车电气系统或分系统的基本组成、相互关系及其主要特征，常采用原理框图。原理框图所描述的对象是系统或分系统的主要特征，不必画出元器件与它们之间的具体连接情况，它对内容的描述是概略的，但对于汽车电路的分析和维修有很大的帮助。纯电动汽车高压管理系统原理框图，如图 2-1-3 所示。

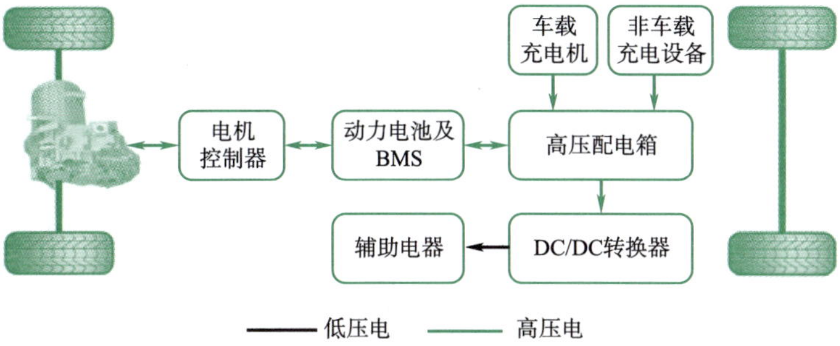

图 2-1-3　纯电动汽车高压管理系统原理框图

④电路原理图。电路原理图是利用电气符号将每一个系统合理地连接起来，能简明清晰地反映汽车电路构成、连接关系和工作原理，而不考虑其实际安装位置的一种简图。其优点是图面清晰、简单明了、通俗易懂，便于分析、查找电路故障。电路原理图分为整车电路原理图和局部电路原理图。汽车的整车电路原理图是由若干个局部电路原理图组成的。整车电路原理图是一幅完整的全车电路图，能反映全车电路各系统之间的相互关系。吉利帝豪

学习笔记

EV300 车身控制器 BCM 原理图如图 2-1-4 所示。

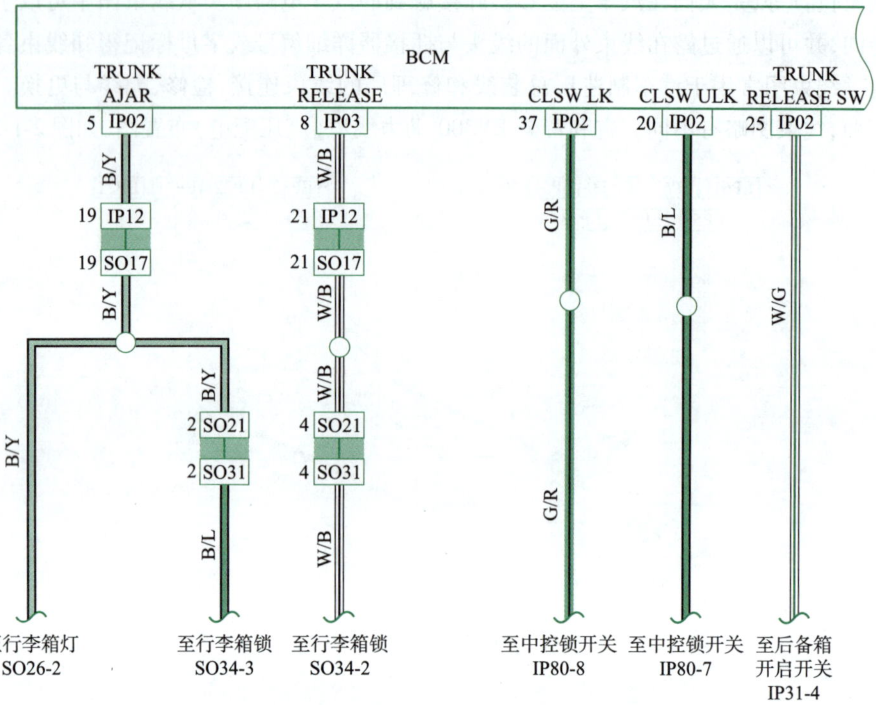

图 2-1-4　吉利帝豪 EV300 车身控制器 BCM 原理图

新能源汽车整车电路一般都按各个电路系统来绘制，如：PEPS 系统、车身控制系统、电池管理系统、充电系统、电机控制及驱动系统等。现在知道了新能源汽车电路图有以上四种呈现形式，那么就可以根据提供的新能源汽车对应车型的各系统电路图，在新能源汽车整车上找到相应器件及各种线束的实际位置，以及理清它们的连接与相互控制关系。

学习笔记

实训一　　学生任务单

实训名称		实训场地		实训时间	
实训内容					

一、知识准备

汽车电路图是一种将汽车电器和电子设备用＿＿＿＿＿＿和代表导线的线条连接在一起的关系图，是对汽车电器的组成、＿＿＿＿＿＿、工作过程及安装要求所做的图解说明。电路图中表示的是＿＿＿＿＿＿相互之间的关系及彼此之间的连接，通过对电路图的识读，可以认识并确定电路图上所画电气元件的＿＿＿＿＿＿、型号和规格，清楚地掌握汽车电气系统的组成、相互关系、工作原理和安装位置，便于对汽车电路进行检查、维修、安装、配线等工作。

二、实训计划

请根据实训目的，确定实训过程中所需要的工具、设备、检测仪器及防护用具等。并对小组成员进行合理的分工，制订详细的实训计划。

1. 将实训过程中所需要的工具、设备、检测仪器及防护用具填入表 2-1-2 中。

表 2-1-2　实训设备或工具

序号	名称	型号与规格	单位	数量	备注

学习笔记

2. 小组成员分工(全班学生以6人为一个小组,各组选出组长并进行任务分工,将小组成员及分工情况填入表2-1-3中)。

表2-1-3　小组成员及任务分工

小组成员	姓名	任务分工
组长		
组员		

三、实训总结

对本次实训进行总结,并将操作过程中遇到的问题及相应解决方案填入表2-1-4中。

表2-1-4　实训总结

序号	操作内容	遇到的问题及相应解决方案

四、实训综合评价

实训考核评价表见表2-1-5。

表2-1-5　实训考核评价表

项目名称	评价内容	分值	评价分数		
			自评	互评	师评
职业素养考核	无迟到、无早退、无旷课	8分			
	仪容仪表符合规范要求	8分			
	具备良好的安全意识与责任意识	10分			
	具备良好的团队合作与交流能力	8分			
	具备较强的纪律执行能力	8分			
	保持良好的作业现场卫生	8分			
专业能力考核	积极参加教学活动,按时完成任务单	16分			
	操作规范,符合作业规程	16分			
	操作熟练,工作效率高	18分			
合计		100分			
总评	自评(20%)+互评(20%)+师评(60%)		指导教师:		

学习笔记

五、课后练习

填空题

____________就较明确地反映了汽车实际的线路情况，查线时，导线中间的____________很容易找到，为安装和检测汽车电路提供方便。但因其线条密集，纵横交错，给读图、查找、分析故障带来不便。接线图可以是整车电路的接线图，也可以是各系统的接线图。

目前，汽车制造商为便于用户在使用、维修过程中进行____________，还往往在维修手册中给出有关电器的安装位置图、线束图解。线束图与电路原理图、接线图结合起来使用，具有很大的____________。

原理框图通常采用____________或者带注释的框绘制，带注释的框应用比较广泛，其框内的注释可以是文字，可以是符号，也可以同时采用____________。

____________是从整车电路图中抽出的某个局部电路。此图能反映汽车电器的内部结构，局部电路的工作原理，并将重点部位进行了放大及说明。这种电路图的用电器少、____________，阅读起来简单明了；其缺点是只能了解电路的局部。

学习笔记

实训二　新能源汽车基本故障诊断策略

一、实训目的

1. 能准确辨识新能源汽车各种指示灯及其含义。
2. 能根据新能源汽车故障点给出诊断思路。

二、实训内容

1. 识读新能源汽车故障特点与常用指示灯的含义。
2. 掌握新能源汽车故障诊断思路与流程。
3. 能够正确制定故障诊断一般流程图。

三、实训设备

实训整车、万用表、解码器、该车型维修手册及电路图。

四、实训步骤

根据新能源汽车的结构特点和故障处理机制，当车辆发生故障后，可按以下步骤进行故障的诊断与排除，故障诊断流程图如图 2-2-1 所示。

(1)问诊。询问车主、试车与故障再现，进行故障确认。

(2)初诊。检查组合仪表故障提示。通过仪表故障指示灯，初步判断故障原因。

①钥匙打到 ON 挡后，仪表所有灯不亮，或较暗，或闪烁。

a. 可能原因有：低压蓄电池端子虚接；蓄电池严重亏电。

b. 诊断方法：检查 12 V 电池的端子连接情况，及时充电或者更换。

②动力电池故障警告灯常亮，整车不能启动。

a. 可能原因：动力电池管理系统(BMS)故障；电池单体存在故障。

b. 诊断方法：通过诊断仪读取故障代码，根据具体故障代码参照整车维修手册进行维修；高压部件检测需专业人员按照手册中的要求进行维修。

③动力系统故障报警灯常亮。

a. 可能原因：整车控制器 VCU 故障；整车 CAN 通信存在短路/断路故障；制动真空压力传感器异常；高压互锁系统故障；冷却风扇驱动故障；逆变器/继电器驱动故障；加速踏板故障；压缩机或 PTC 驱动故障；电动机转矩监控故障；低压主继电器驱动故障。

b. 诊断方法。维修人员通过诊断仪读取故障代码，根据具体故障代码参照整车维修手册进行维修。高压部件检测需专业人员按照手册中的要求进行维修。

(3)初检。车辆基本检查包括通过踩制动踏板判断真空助力系统是否工作来判断整车控制器是否正常；对车辆进行 READY 操作，挂前进挡，看车辆是否正常行驶；操作空调面板，判断高压电是否输出到电动压缩机与 PTC 加热器；测量蓄电池电压情况，判断电压是否正常及 DC/DC 转换器是否工作。

(4)连接诊断仪，读取故障代码和数据流，进一步缩小故障范围。

(5)结合电路图,进行故障的再次分析。

(6)具体测量与故障确定。通过对怀疑故障点部件的检查与测量,最终确定故障原因及故障部位。

(7)故障修复,对故障部件进行维修或更换。

(8)清除故障代码,再次试车判断故障是否排除。

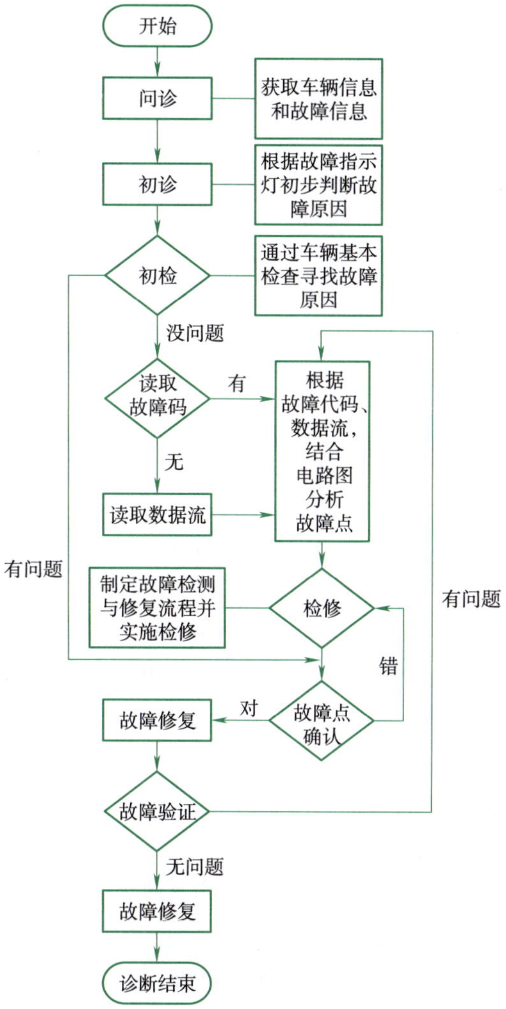

图 2-2-1　故障诊断流程图

学习笔记

实训二　学生任务单

实训名称		实训场地		实训时间	
实训内容					

一、知识准备

尽管目前各个厂家对故障的____________不同,但在很多方面都是一样的,如当高压不能输出时,高压输出故障指示灯会点亮并存储____________;动力电池有故障时,动力电池故障指示灯会____________等。所以,在进行故障排除时应多参考维修手册,不断地找到故障的规律,只有这样才能对新能源汽车的____________与排除做到游刃有余。

二、实训计划

请根据实训目的,确定实训过程中所需要的工具、设备、检测仪器及防护用具等。并对小组成员进行合理的分工,制订详细的实训计划。

1. 将实训过程中所需要的工具、设备、检测仪器及防护用具填入表 2-2-1 中。

表 2-2-1　实训设备或工具

序号	名称	型号与规格	单位	数量	备注

学习笔记

2. 小组成员分工(全班学生以 6 人为一个小组,各组选出组长并进行任务分工,将小组成员及分工情况填入表 2-2-2 中)。

表 2-2-2　小组成员及任务分工

小组成员	姓名	任务分工
组长		
组员		

三、实训总结

对本次实训进行总结,并将操作过程中遇到的问题及相应解决方案填入表 2-2-3 中。

表 2-2-3　实训总结

序号	操作内容	遇到的问题及相应解决方案

四、实训综合评价

实训考核评价表见表 2-2-4。

表 2-2-4　实训考核评价表

项目名称	评价内容	分值	评价分数		
			自评	互评	师评
职业素养考核	无迟到、无早退、无旷课	8 分			
	仪容仪表符合规范要求	8 分			
	具备良好的安全意识与责任意识	10 分			
	具备良好的团队合作与交流能力	8 分			
	具备较强的纪律执行能力	8 分			
	保持良好的作业现场卫生	8 分			
专业能力考核	积极参加教学活动,按时完成任务单	16 分			
	操作规范,符合作业规程	16 分			
	操作熟练,工作效率高	18 分			
合计		100 分			
总评	自评(20%)+互评(20%)+师评(60%)		指导教师:		

学习笔记

五、课后练习

填空题

对车辆进行慢充充电，看慢充是否正常工作。____________基本检查。通过检查高低压线束判断故障是否由于线束____________等造成，对发生碰撞的车辆应着重检查此项。

当出现整车上电完全无反应时，应优先判断蓄电池的____________是否能正常工作。需要特别说明的是，在整车高压上电和充电时，并不需要 DC/DC 转换器工作，只需要蓄电池电压达到____________即可。但是当 DC/DC 转换器发生故障时，由于不能及时对蓄电池进行充电，当蓄电池电压低到一定程度时就会出现整车____________和充电故障。

项目二

车身控制系统故障诊断与排除

实训三 启动继电器引起低压供电不正常故障

学习笔记

一、实训目的

1. 能描述新能源汽车低压启动控制结构与原理。
2. 能根据低压启动控制原理制定故障的诊断与处理方法。
3. 养成遵守安全作业要求、注重安全防护的安全意识。

二、实训内容

1. 掌握低压启动控制系统的结构与工作原理、诊断方法及流程、故障的排除。
2. 根据故障的现象、故障代码、数据流结合电路图分析故障原因。
3. 根据诊断结果判定故障点，并对故障点进行维修或更换故障元器件。

三、实训设备

实训整车、万用表、解码器、该车型维修手册及电路图。

四、实训步骤

首先要进行初步的检查，对低压蓄电池、高低压插接器等进行检查，如果低压蓄电池电压异常，则进行补充电能或者更换，如果有动力电池包相关插接器松动、脱落则进行修复，故障解除，诊断结束。若故障依然存在，则使用故障诊断仪，根据故障指向进行相应的检测与修复，当指向 IG1 继电器时，则从蓄电池、IG1 继电器等方面进行故障分析。具体的故障诊断流程图如图 2-3-1 所示。

下面根据前面分析的诊断流程，完成故障案例——低压供电不正常故障的检测、诊断与修复。

第一步，确认故障现象。根据用户描述的故障现象，结合组合仪表的故障提示，确认为故障现象为，按一键启动按钮后启动车辆，没有任何反应，组合仪表没有显示，车辆无法启动。

第二步，连接故障诊断仪。关闭点火开关，将故障诊断仪与车辆诊断口连接。OBD 诊断口与解码器连接示意图如图 2-3-2 所示。OBD 诊断接口线束连接器如图 2-3-3 所示。

学习笔记

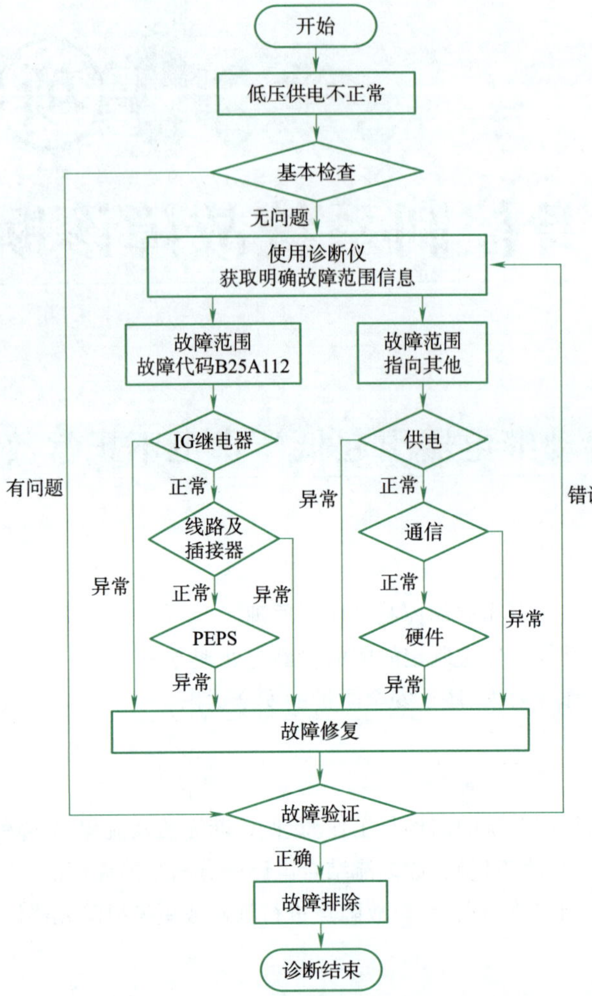

图 2-3-1　故障诊断流程图

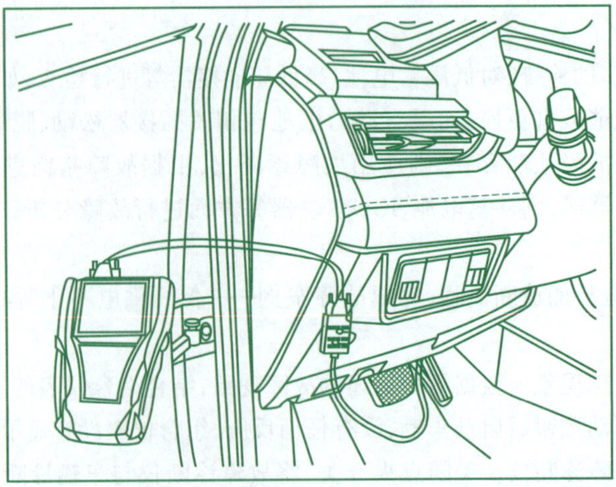

图 2-3-2　OBD 诊断口与解码器连接示意图

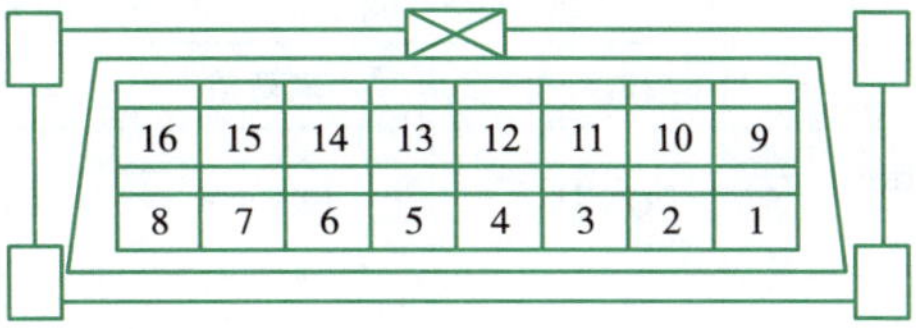

图 2-3-3　OBD 诊断接口线束连接器

第三步，启动车辆，使用故障诊断仪进入相关系统模块读取故障代码和相关数据流，选择 PEPS 系统模块，读取故障代码与相关数据流。读取到的故障代码为 B25A112，IGN1 继电器对地短路或对电源短路。将故障诊断仪读取的数据流填入表 2-3-1，通过仪表显示的信息和故障诊断仪所读取的信息，初步判断为 IG1 继电器出现故障。按照由简易难的故障诊断思路，可以先对蓄电池进行检查，然后检查 IG1 继电器。故障诊断电路图如图 2-3-4 所示。

表 2-3-1　故障代码与相关数据流

系统模块	能否进入	故障代码	主要数据流
PEPS	能	B25A112IGN1 继电器对地短路或对电源短路	

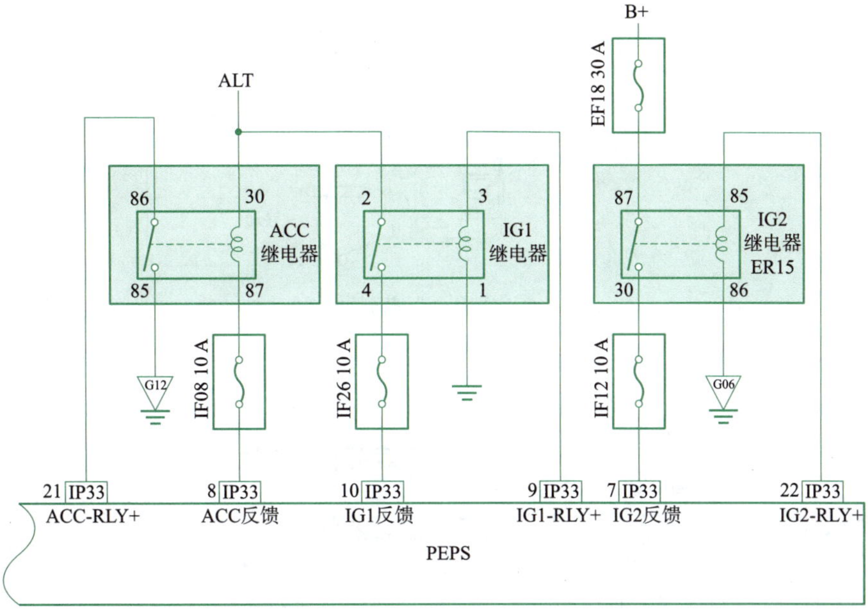

图 2-3-4　故障诊断电路图

第四步，确定故障范围。根据故障诊断仪的相关故障代码和数据流，结合吉利帝豪 EV300 的 PEPS 电路图 IG1 继电器部分，确定故障范围为 IG1 继电器自身及其相关线路、保险、插接器等，根据故障范围找到 IG1 继电器 30、87 端子。IG1 继电器 30、87 端子及线圈电阻测量值见表 2-3-2。

第五步，故障范围检测与测量。断开蓄电池负极，等待 5 min，进行基本检查，对 IG1 继电器外观及连接情况进行检查，检查插接器外观及连接是否正常，若正常则继续测量，不正常则更换或维修。

学习笔记

表 2-3-2　IG1 继电器 30、87 端子及线圈电阻测量值

步骤	端子号	测量条件	测量值	正常值	结论
1	IG1 的 30 端子电压 IG1/30→IG1/85	ON 挡	12.45 V	11～14 V	正常
2	IG1 的 87 端子电压 IG1/87→IG1/85	ON 挡	0 V	11～14 V	异常
3	IG1 线圈电阻 IG1/86→IG1/85	OFF 挡	∞	78±2 Ω	异常

第六步，故障点确认。经检查发现 IG1 继电器线圈断路。

第七步，故障排除及验证。更换 IG1 继电器，车辆上电，组合仪表点亮，READY 灯亮起，使用故障诊断仪对帝豪 EV300 进行故障代码和数据流的读取，PEPS 显示无故障代码，确认故障已排除。对修复后的 IGI 线圈电阻进行测量，测量方法一如图 2-3-5 所示，测量方法二如图 2-3-6所示，测量结果见表 2-3-3。

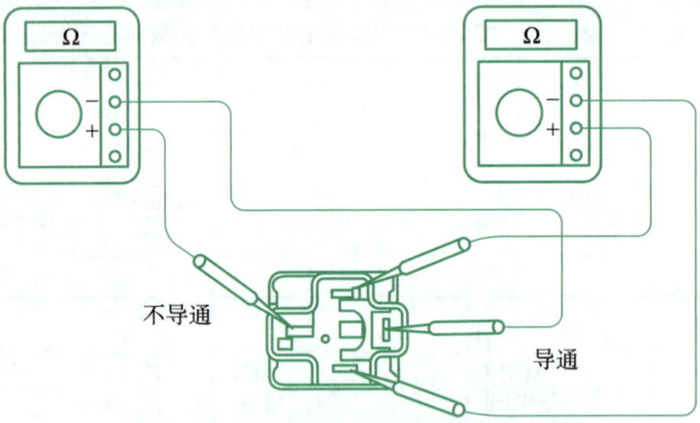

图 2-3-5　使用电阻表测量方法一

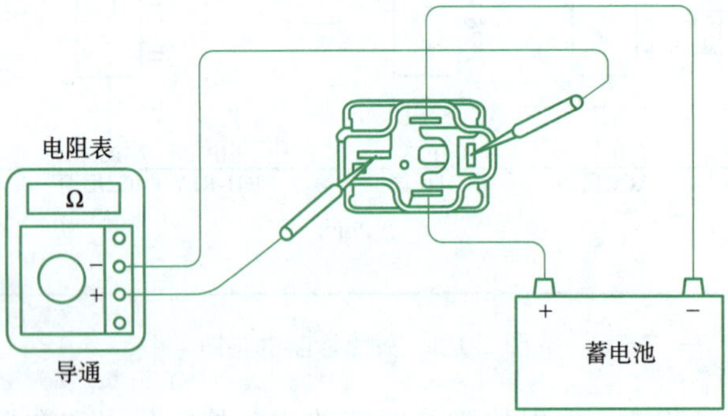

图 2-3-6　使用电阻表测量方法二

表 2-3-3　修复后的 IG1 线圈电阻测量值

端子号	测量条件	测量值	正常值	结论
IG1 线圈电阻 IG1/86→IG1/85	OFF 挡	76.8 Ω	78±2 Ω	正常

学习笔记

实训三　　学生任务单

<table>
<tr><td>实训名称</td><td></td><td>实训场地</td><td></td><td>实训时间</td><td></td></tr>
<tr><td>实训
内容</td><td colspan="5"></td></tr>
</table>

一、知识准备

低压供电不正常主要涉及____________的故障(蓄电池、负极搭铁、B+线路及保险等)、____________执行器的故障(继电器触点、继电器线圈以及连接线路和插接器)以及执行器____________的故障(控制器供电及线路、控制线路及插接器、控制器通信及线路以及控制器自身)三个方面的故障。

二、实训计划

请根据实训目的,确定实训过程中所需要的工具、设备、检测仪器及防护用具等。并对小组成员进行合理的分工,制订详细的实训计划。

1. 将实训过程中所需要的工具、设备、检测仪器及防护用具填入表2-3-4中。

表2-3-4　实训设备或工具

序号	名称	型号与规格	单位	数量	备注

学习笔记

2. 小组成员分工(全班学生以 6 人为一个小组,各组选出组长并进行任务分工,将小组成员及分工情况填入表 2-3-5 中)。

表 2-3-5　小组成员及任务分工

小组成员	姓名	任务分工
组长		
组员		

三、实训总结

对本次实训进行总结,并将操作过程中遇到的问题及相应解决方案填入表 2-3-6 中。

表 2-3-6　实训总结

序号	操作内容	遇到的问题及相应解决方案

四、实训综合评价

实训考核评价表见表 2-3-7。

表 2-3-7　实训考核评价表

项目名称	评价内容	分值	评价分数		
			自评	互评	师评
职业素养考核	无迟到、无早退、无旷课	8 分			
	仪容仪表符合规范要求	8 分			
	具备良好的安全意识与责任意识	10 分			
	具备良好的团队合作与交流能力	8 分			
	具备较强的纪律执行能力	8 分			
	保持良好的作业现场卫生	8 分			
专业能力考核	积极参加教学活动,按时完成任务单	16 分			
	操作规范,符合作业规程	16 分			
	操作熟练,工作效率高	18 分			
合计		100 分			
总评	自评(20%) + 互评(20%) + 师评(60%)		指导教师:		

学习笔记

五、课后练习

填空题

低压供电不正常故障现象是仪表上除小汽车点亮及____________点亮，其他信息没有____________。

蓄电池电压通过____________送到 IG1 继电器 30 端，PEPS 控制线圈通电产生磁场将开关吸合，30 端与____________端导通，电压通过 87 端向____________提供低压电压。

低压供电不正常的故障主要由____________、IG1 继电器、B + 线路、____________、车身控制模块等故障引起。

学习笔记

实训四 CAN总线引起中控门锁不能正常工作故障

一、实训目的

1. 掌握新能源汽车中控门锁结构与原理。
2. 能根据CAN总线原理制定CAN总线故障的诊断方法。

二、实训内容

1. 掌握CAN总线系统的结构与工作原理以及诊断方法并制定诊断流程。
2. 根据故障现象、故障代码、数据流结合电路图分析故障原因。
3. 根据制定的诊断流程对总线异常引起中控门锁不正常故障进行诊断与排除。

三、实训设备

实训整车、万用表、解码器、示波器、维修手册及电路图。

四、实训步骤

首先进行初步检查，对低压蓄电池、高低压插接器等部件进行检查，如果低压蓄电池电压异常，则进行补充电能或者更换，若故障解除，则诊断结束。若故障依然存在，则使用故障诊断仪，根据故障指向进行相应的检测与修复，当指向PEPS时，则从PEPS的供电、通信、硬件等方面进行逐步排查，直至找到故障点并修复；当指向BCM时，则从BCM的供电、硬件等方面进行逐步排查，直至找到故障点并修复。当指向PEPS与BCM的公共部分时，则主要从B-CAN网络着手排查，直至找到故障点并修复。具体的故障诊断流程图如图2-4-1所示。

下面根据前面制定的诊断流程，完成故障案例——遥控器不能解锁车辆并且行李箱锁也不能打开的故障的检测、诊断与修复。

第一步，确认故障现象。根据用户描述的故障现象，结合组合仪表的故障提示，确认为故障现象为，遥控器失效，双闪警告灯亮起，用机械钥匙打开车门，启动车辆，组合仪表中间屏不显示车辆状态信息，只显示续航信息，按遥控器车辆没反应，按行李箱开关没有反应。

第二步，连接故障诊断仪。关闭点火开关，将故障诊断仪与车辆诊断口连接。OBD诊断口与解码器连接方式如图2-3-2所示。

第三步，启动车辆，使用故障诊断仪进入相关系统模块读取故障代码和相关数据流。选择整车控制器VCU模块，读取故障代码与相关数据流，填写表2-4-1。读取到的故障代码为U021487，与PEPS通信丢失。根据故障诊断仪读取的相关故障代码和数据流，通过仪表显示的信息，初步判断为车身CAN总线B-CAN可能出现故障，根据由简易难的故障诊断思路，应对B-CAN线路进行检查。

学习笔记

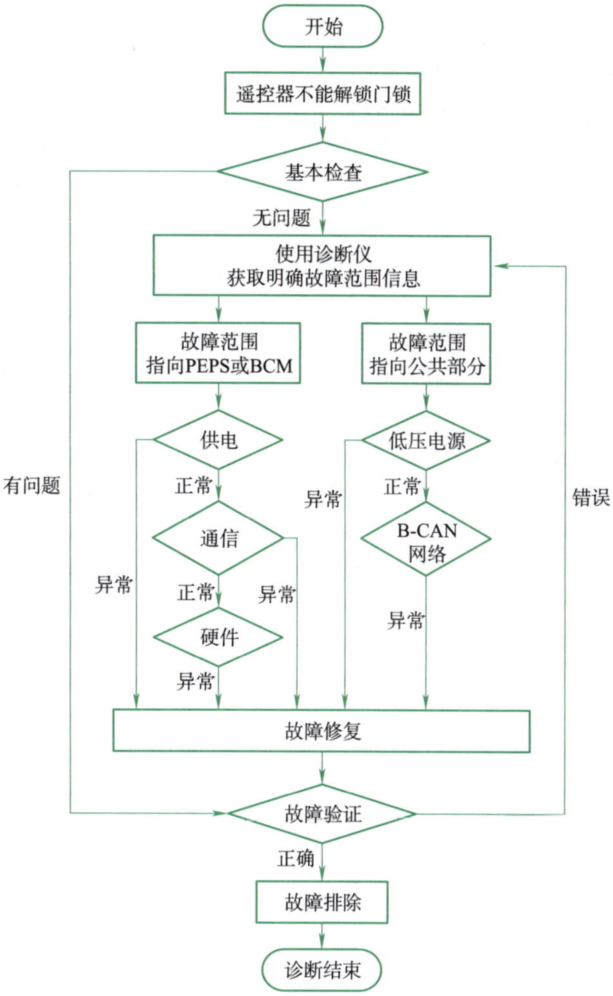

图 2-4-1　故障诊断流程图

表 2-4-1　故障代码与相关数据流

序号	系统模块	能否进入	故障代码	主要数据流
1	VCU	能	故障代码 U021487 与 PEPS 通信丢失	
2	PEPS	不能		
3	BCM	不能		

第四步，确定故障范围。根据故障诊断仪的相关故障代码和数据流，结合吉利帝豪 EV300 的车身 CAN 总线 B-CAN 电路图（见图 2-4-2），确定故障范围为 B-CAN 总线相关线路、插接器等。

第五步，故障范围检测与测量。断开蓄电池负极，等待 5 min，进行基本检查，检查插接器外观及连接是否正常，若正常则继续测量，若不正常则进行更换或维修。故障诊断测量值见表 2-4-2。

学习笔记

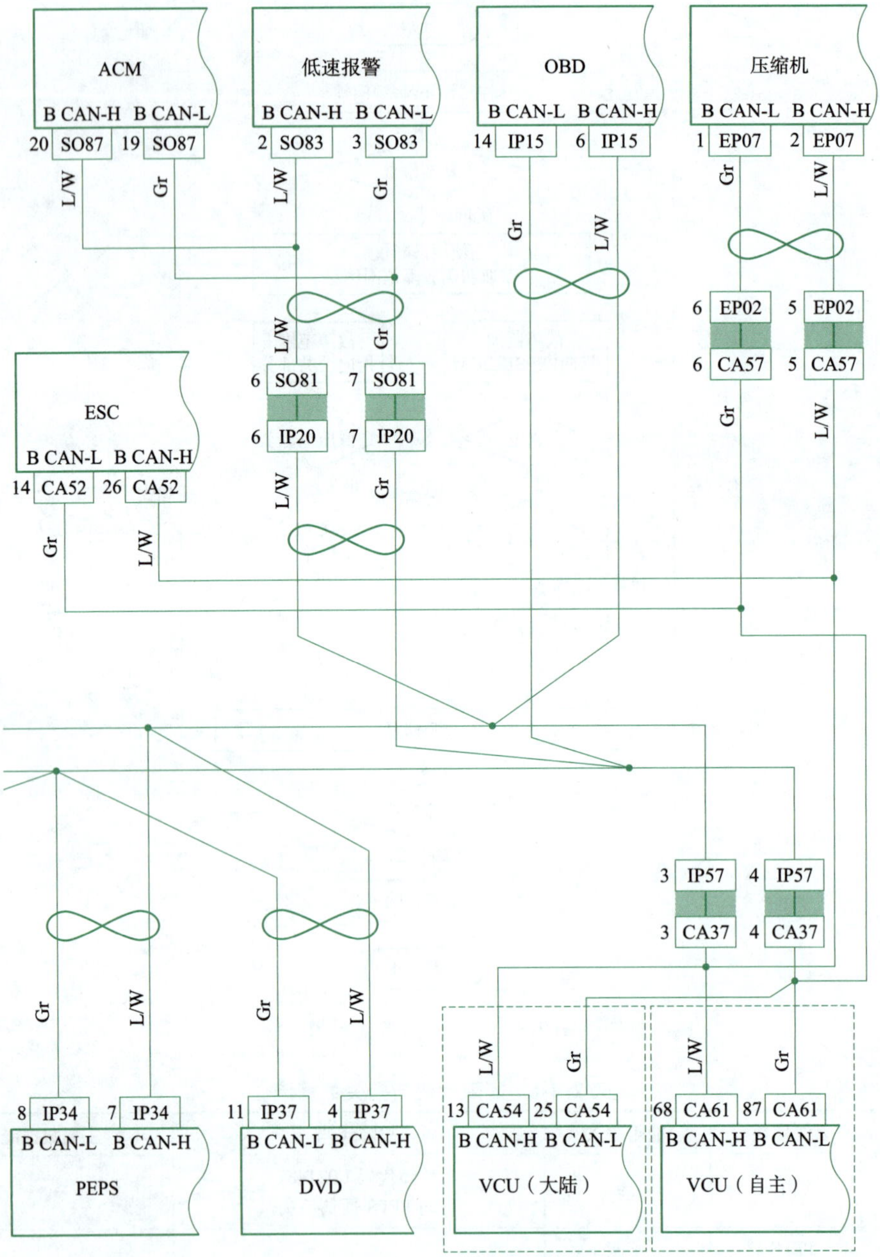

图 2-4-2　车身 CAN 总线 B-CAN 电路图

表 2-4-2　故障诊断测量值

步骤	端子号	测量条件	测量端子号图示	测量值	正常值	结论
1	PEPS 供电 IP33/8→GND	ON 挡 背插测量	IP33 端子 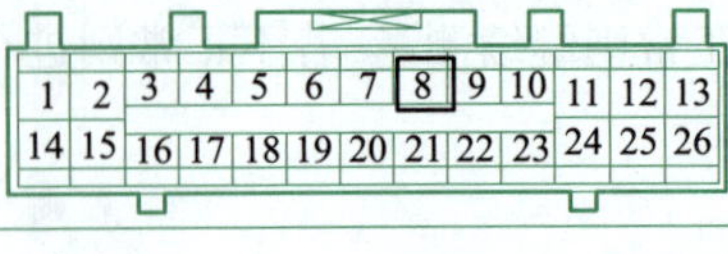	12.45 V	11～14 V	正常

学习笔记

续表

步骤	端子号	测量条件	测量端子号图示	测量值	正常值	结论
2	BCM 供电电压 IP02/33→IP04/8	ON 挡 背插测量	IP02 端子 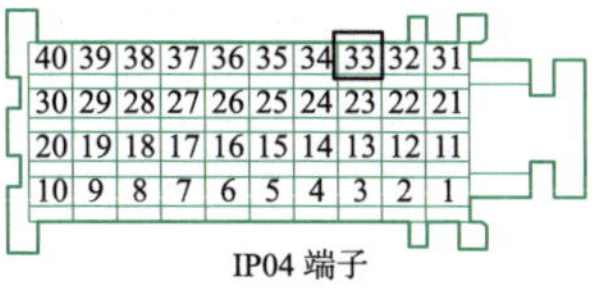 IP04 端子 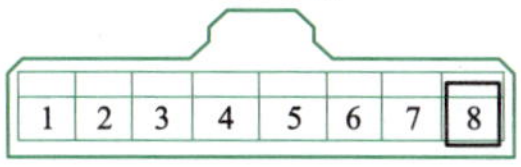	12.45 V	11 ~ 14 V	正常
3	BCM 供电电压 IP03/17→IP03/5	ON 挡 背插测量	IP03 端子 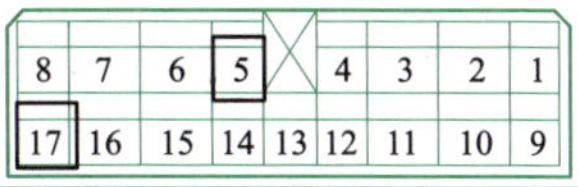	12.45 V	11 ~ 14 V	正常
4	BCM 供电电压 IP04/7→IP04/8	ON 挡 背插测量	IP04 端子 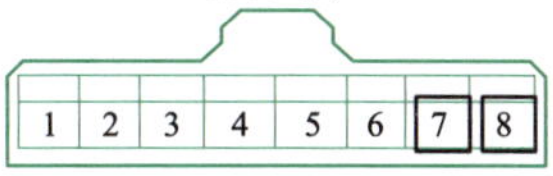	12.45 V	11 ~ 14 V	正常
5	BCM 供电电压 IP03/10→IP03/16	ON 挡 背插测量	IP03 端子 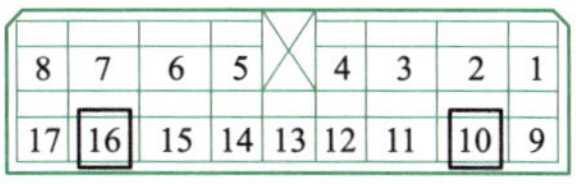	12.45 V	11 ~ 14 V	正常
6	B-CAN 网络终端电阻 IP34/7→IP34/8	OFF 挡 断负极 背插测量	IP34 端子 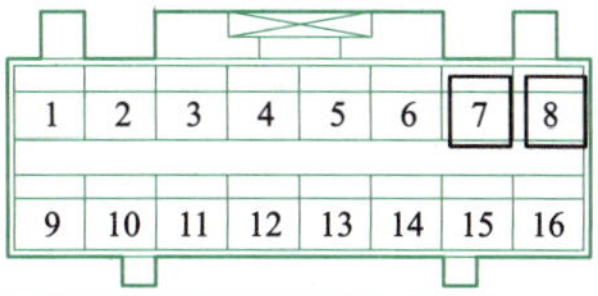	58.6 Ω	约 60 Ω	正常
7	B-CAN 对地电阻 IF34/7→GND	OFF 挡 断负极 背插测量	IF34 端子 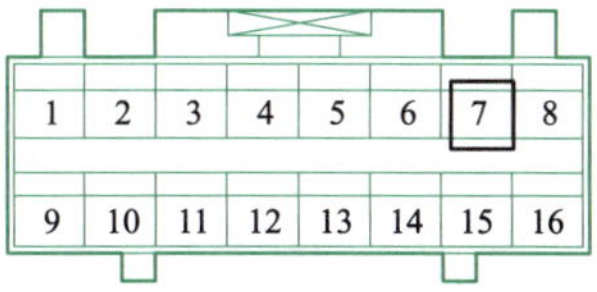	∞	∞	正常
8	C-CAN 对地电阻 IF34/8→GND	OFF 挡 断负极 背插测量	IF34 端子 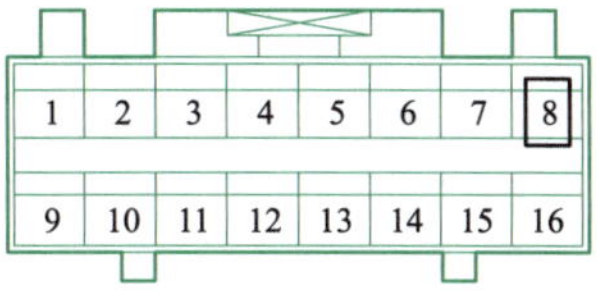	0.8 Ω	∞	异常
9	D-CAN 对地电阻 TF34/8→GND	OFF 挡 断负极 断开 IP34	IF34 端子 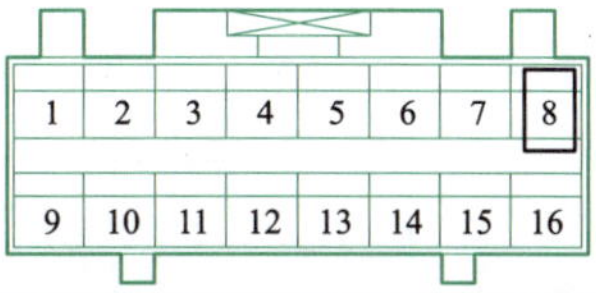	∞	∞	正常

第六步，故障点确认。经检查发现 PEPS 模块内部 CAN-L 对地短路。

第七步，故障排除及验证。更换 PEPS 模块，遥控可以正常解锁车门，中控门锁正常，行李箱开启正常，启动车辆，READY 灯亮起。使用故障诊断仪对 EV300 进行故障代码和数据流的读取，PEPS 模块能进入，没有故障代码，确认故障已排除。

学习笔记

实训四　学生任务单

实训名称		实训场地		实训时间	
实训内容					

一、知识准备

用万用表直流电压挡分别测量 CAN-H 和____________对地电压，其中，CAN-H 对地电压的范围为____________，CAN-L 对地电压的范围为 1.5～2.5 V，任何时刻 CAN-H 和 CAN-L 电压之和约等于____________。如果符合以上测量结果，则基本可以确定 CAN 总线正常。如果 CAN-H 和 CAN-L 对地电压为 0 V，则表明____________；如果为 12 V，则可能对____________短路。

二、实训计划

请根据实训目的，确定实训过程中所需要的工具、设备、检测仪器及防护用具等。并对小组成员进行合理的分工，制订详细的实训计划。

1. 将实训过程中所需要的工具、设备、检测仪器及防护用具填入表 2-4-3 中。

表 2-4-3　实训设备或工具

序号	名称	型号与规格	单位	数量	备注

学习笔记

2. 小组成员分工(全班学生以 6 人为一个小组,各组选出组长并进行任务分工,将小组成员及分工情况填入表 2-4-4 中)。

表 2-4-4　小组成员及任务分工

小组成员	姓名	任务分工
组长		
组员		

三、实训总结

对本次实训进行总结,并将操作过程中遇到的问题及相应解决方案填入表 2-4-5 中。

表 2-4-5　实训总结

序号	操作内容	遇到的问题及相应解决方案

四、实训综合评价

实训考核评价表见表 2-4-6。

表 2-4-6　实训考核评价表

项目名称	评价内容	分值	评价分数		
			自评	互评	师评
职业素养考核	无迟到、无早退、无旷课	8 分			
	仪容仪表符合规范要求	8 分			
	具备良好的安全意识与责任意识	10 分			
	具备良好的团队合作与交流能力	8 分			
	具备较强的纪律执行能力	8 分			
	保持良好的作业现场卫生	8 分			
专业能力考核	积极参加教学活动,按时完成任务单	16 分			
	操作规范,符合作业规程	16 分			
	操作熟练,工作效率高	18 分			
合计		100 分			
总评	自评(20%)+互评(20%)+师评(60%)		指导教师:		

学习笔记

五、课后练习

填空题

CAN 总线的主要故障类型有____________、断路及终端电阻异常三大类。短路故障主要有 CAN-H 对正极短路、____________、CAN-L 对正极短路和 CAN-L 对地短路；断路故障主要有 CAN-H 断路和 CAN-L 断路；对于____________，目前绝大部分 CAN 总线系统在设计时是将终端电阻置于控制器内，如发现终端电阻异常，则需要更换或维修____________。

如果怀疑短路，可单独测量 CAN-H 和 CAN-L 对地电阻。若其中一根与____________，则说明该线短路。

实训五　电子转向锁引起低压供电不正常故障

一、实训目的

1. 能描述新能源汽车电子转向锁的结构与原理。
2. 能根据电子转向锁的原理制定解锁失败故障的诊断方法。

二、实训内容

1. 掌握新能源汽车电子转向锁的作用与工作原理、诊断方法，并制定诊断流程。
2. 根据故障现象、故障代码、数据流结合电路图分析故障原因。
3. 根据制定的诊断流程对电子转向锁引起的低压供电故障进行诊断与排除。

三、实训设备

实训整车、万用表、解码器、该车型维修手册及电路图。

四、实训步骤

首先进行初步检查，对低压蓄电池、高低压插接器等部件进行检查，若低压蓄电池电压异常，则进行补充电能或者更换；若动力电池包相关插接器存在松动、脱落则进行修复，故障解除，诊断结束。如果故障依然存在，则使用故障诊断仪，根据故障指向进行相应的检测与修复，当指向 ESCL 时，则从 ESCL 的线路、插接器、硬件等方面进行逐步排查，直至找到故障点并修复；当指向 PEPS 时，则从 PEPS 的供电、硬件等方面进行逐步排查，直至找到故障点并修复。故障诊断流程图如图 2-5-1 所示。

下面根据前面制定的诊断流程，完成故障案例——方向盘解锁失败故障的检测、诊断与修复。

第一步，确认故障现象。根据用户描述的故障现象，结合组合仪表的故障提示，确认为故障现象为，仪表显示“方向盘锁定系统解锁失败”，方向盘未解锁，无法挂 ON 挡，仪表提示音持续，车辆无法启动。

第二步，连接故障诊断仪。关闭点火开关，将故障诊断仪与车辆诊断口连接。OBD 诊断口与解码器连接方式如图 2-3-2 所示。

第三步，启动车辆，使用故障诊断仪进入相关系统模块读取故障代码和相关数据流，选择 PEPS 系统模块，读取故障代码与相关数据流，填写表 2-5-1。读取到的故障代码为 B150846，ESPL 内部故障。通过仪表显示的信息和故障诊断仪所读取的数据，初步判断 ESCL 模块及相关线路可能出现故障，故障部位可能是线路、插接器以及模块本身。

学习笔记

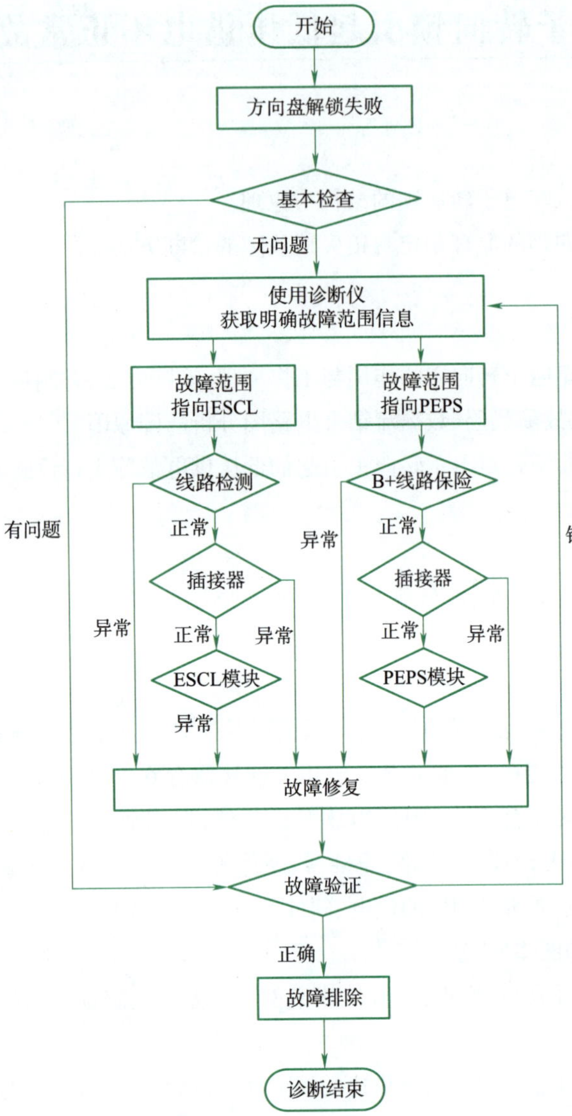

图 2-5-1　故障诊断流程图

表 2-5-1　故障代码与相关数据流

序号	系统模块	能否进入	故障代码	主要数据流
1	PEPS	能	B150846，ESPL 内部故障	

第四步，确定故障范围。根据故障诊断仪的相关故障代码和数据流，结合帝豪 EV300 的 ESCL 电路图（见图 2-5-2）。确定故障范围为 ESCL 自身及其相关线路、插接器等。

第五步，故障范围检测与测量。断开蓄电池负极，等待 5 min，进行基本检查，检查插接器外观及连接是否正常，若正常则继续测量，若不正常则进行更换或维修。故障诊断测量值见表 2-5-2。

学习笔记

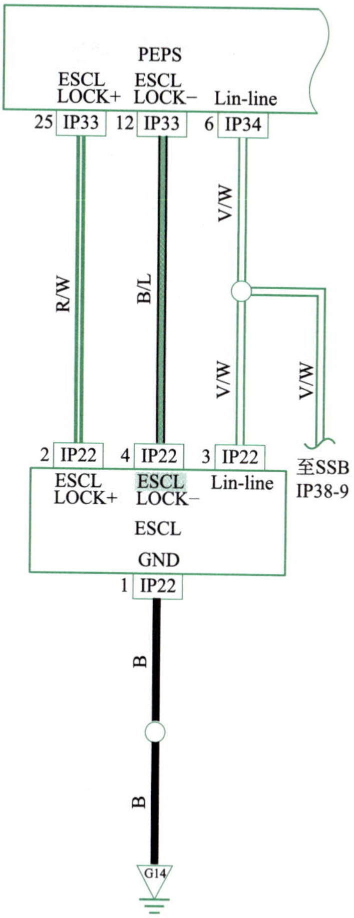

图 2-5-2　帝豪 EV300 的 ESCL 电路图

表 2-5-2　故障诊断测量值

步骤	端子号	测量条件	测量端子号图示	测量值	正常值	结论
1	ESCL 接地线路 IP22/1→GND	OFF 挡	IP22 端子 	0.9 Ω	小于 1 Ω	正常
2	ESCL 与 PEPS 线束 IP22/4→IP33/12	OFF 挡	IP22 端子 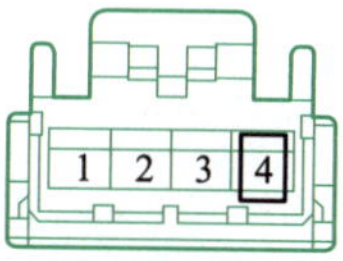 IP33 端子 	0.8 Ω	小于 1 Ω	正常

学习笔记

续表

步骤	端子号	测量条件	测量端子号图示	测量值	正常值	结论
3	ESCL 与 PEPS 线束 IP22/2→IP33/25	OFF 挡	IP22 端子  IP33 端子 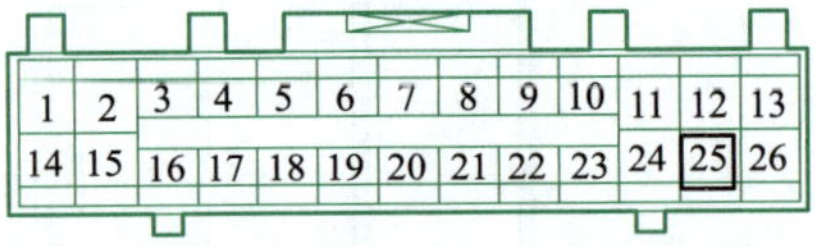 	0.9 Ω	小于 1 Ω	正常
4	Lin 线束 IP22/3 →IP34/6	OFF 挡	IP22 端子  IP34 端子 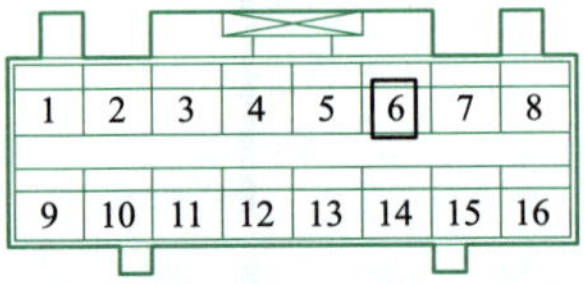 	0.8 Ω	小于 1 Ω	正常

第六步,故障点确认。经检查发现 ESCL 模块损坏。

第七步,故障排除及验证。更换 ESCL 模块,车辆上电,没有方向盘解锁失败的提示,READY 灯亮起,使用故障诊断仪对帝豪 EV300 进行故障代码和数据流的读取,PEPS 显示无故障代码,确认故障已排除。

学习笔记

实训五　　学生任务单

实训名称		实训场地		实训时间	
实训内容					

一、知识准备

ESCL是一种＿＿＿＿＿＿锁定装置，主要由＿＿＿＿＿＿、管柱和PEPS模块等组成。可以在汽车钥匙或便携式终端被插入＿＿＿＿＿＿时生成检测信号，再由此对此汽车钥匙或便携式终端进行鉴权，最后以＿＿＿＿＿＿限制转向轴旋转运动的防盗装置。

其作用就是，当驾驶员从钥匙孔拿走钥匙后，转向柱便被锁舌锁住。这样，即使偷窃者不用钥匙（不经过点火开关）而用其他手段把＿＿＿＿＿＿启动了，但由于汽车不能够＿＿＿＿＿＿，就无法再进行盗窃。

ESCL安装在方向盘转向管柱上，工作方式为：当PEPS模块验证钥匙＿＿＿＿＿＿后，执行上锁时锁舌伸出，卡在管柱＿＿＿＿＿＿内，从而达到锁止转向管柱的效果；执行解锁时锁舌缩回，转向管柱可以＿＿＿＿＿＿。

二、实训计划

请根据实训目的，确定实训过程中所需要的工具、设备、检测仪器及防护用具等。并对小组成员进行合理的分工，制订详细的实训计划。

1. 将实训过程中所需要的工具、设备、检测仪器及防护用具填入表2-5-3中。

表2-5-3　实训设备或工具

序号	名称	型号与规格	单位	数量	备注

学习笔记

2. 小组成员分工(全班学生以 6 人为一个小组,各组选出组长并进行任务分工,将小组成员及分工情况填入表 2-5-4 中)。

表 2-5-4 小组成员及任务分工

小组成员	姓名	任务分工
组长		
组员		

三、实训总结

对本次实训进行总结,并将操作过程中遇到的问题及相应解决方案填入表 2-5-5 中。

表 2-5-5 实训总结

序号	操作内容	遇到的问题及相应解决方案

四、实训综合评价

实训考核评价表见表 2-5-6。

表 2-5-6 实训考核评价表

项目名称	评价内容	分值	评价分数		
			自评	互评	师评
职业素养考核	无迟到、无早退、无旷课	8 分			
	仪容仪表符合规范要求	8 分			
	具备良好的安全意识与责任意识	10 分			
	具备良好的团队合作与交流能力	8 分			
	具备较强的纪律执行能力	8 分			
	保持良好的作业现场卫生	8 分			
专业能力考核	积极参加教学活动,按时完成任务单	16 分			
	操作规范,符合作业规程	16 分			
	操作熟练,工作效率高	18 分			
合计		100 分			
总评	自评(20%)+互评(20%)+师评(60%)		指导教师:		

学习笔记

五、课后练习

填空题

ESCL 模块与 PEPS 之间采用____________通信，当按下启动开关，PEPS 模块检测周围遥控器的____________，遥控器发出信号回应车辆，以解锁____________电子锁 ESCL，此时，PEPS 模块通过 CAN 总线与整车控制系统 VCU 进行____________，若所有信息有效，PEPS 模块将控制启动____________以启动车辆。

方向盘解锁是____________的必要条件，需要 PEPS 正常工作，ESCL 模块正常，PEPS 与 ESCL 线路正常，当收到启动按钮 SSB 发送的____________，PEPS 通过 Lin 线发送方向盘解锁指令，ESCL 收到信息并解锁方向盘。方向盘解锁失败涉及 PEPS ____________（包括 B + 线路及相关保险、搭铁线路）、PEPS 与 ESCL 连接的____________与插接件以及 PEPS 硬件损坏等，ESCL 模块的故障主要包含 ESCL 解锁与上锁信号、Lin 线信号、ESCL 搭铁线路以及 ESCL ____________等。

项目三

整车控制系统故障诊断与排除

学习笔记

实训六 整车控制器引起防盗报警故障

一、实训目的

1. 能描述新能源汽车整车控制结构原理。
2. 能根据低压启动控制原理描述防盗解除的机理。

二、实训内容

1. 掌握整车控制系统的结构与工作原理、诊断方法，并制定诊断流程图。
2. 根据制定的诊断流程对整车控制器引起防盗报警故障进行诊断与排除。

三、实训设备

实训整车、万用表、解码器、该车型维修手册及电路图。

四、实训步骤

首先进行初步检查，对低压蓄电池、高低压插接器等进行检查，若低压蓄电池电压异常，则进行补充电能或者更换；若动力电池包相关插接器松动、脱落则进行修复，故障解除，诊断结束。如果故障依然存在，则使用故障诊断仪，根据故障指向进行相应的检测与修复，当指向VCU时，则从VCU的供电、通信、硬件等方面进行逐步排查，直至找到故障点并修复；当指向PEPS时，则从PEPS的供电、硬件等方面进行逐步排查，直至找到故障点并修复。故障诊断流程图如图2-6-1所示。

下面根据前面制定的诊断流程，完成故障案例——IMMO认证失败故障的检测、诊断与修复。

第一步，确认故障现象。根据用户描述的故障现象，结合组合仪表的故障提示，确认故障现象为，按下一键启动按钮后屏幕中央显示“IMMO认证失败”，几秒后回到正常显示状态，动力系统故障灯亮起，双闪警告，报警喇叭持续响起，车辆无法启动。

第二步，连接故障诊断仪。关闭点火开关，将故障诊断仪与车辆诊断口连接。OBD诊断口与解码器连接方式如图2-3-2所示。

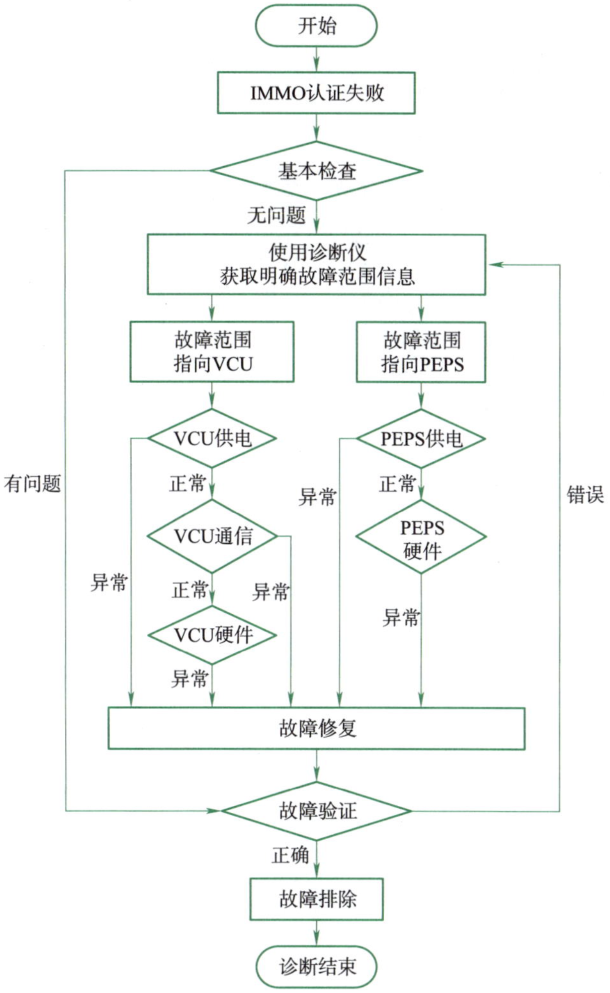

图 2-6-1　故障诊断流程图

第三步,启动车辆,使用故障诊断仪进入相关系统模块读取故障代码与相关数据流,填写表 2-6-1。发现故障诊断仪不能进入整车控制器 VCU 模块。切换 PEPS 系统模块能进入,读取故障代码和相关数据流,读取到的故障代码为 U014287,VCU 通信丢失。通过仪表显示的信息和故障诊断仪所读取的信息,初步判断为整车控制器可能出现故障,故障部位可能是整车控制器的供电与通信,按照由简至难的故障诊断思路,可以先对整车控制器的供电进行检查。

表 2-6-1　故障代码与相关数据流

序号	系统模块	能否进入	故障代码	主要数据流
1	VCU	不能		
2	PEPS	能	U014287,VCU 通信丢失	

第四步,确定故障范围。根据故障诊断仪的相关故障代码和数据流,结合吉利帝豪 EV300 的整车控制器 VCU 电路图(见图 2-6-2),确定故障范围为整车控制器 VCU 自身及其相关线路、保险、继电器、插接器等,根据故障范围找到 VCU 模块 ON、VCC 供电线路。

学习笔记

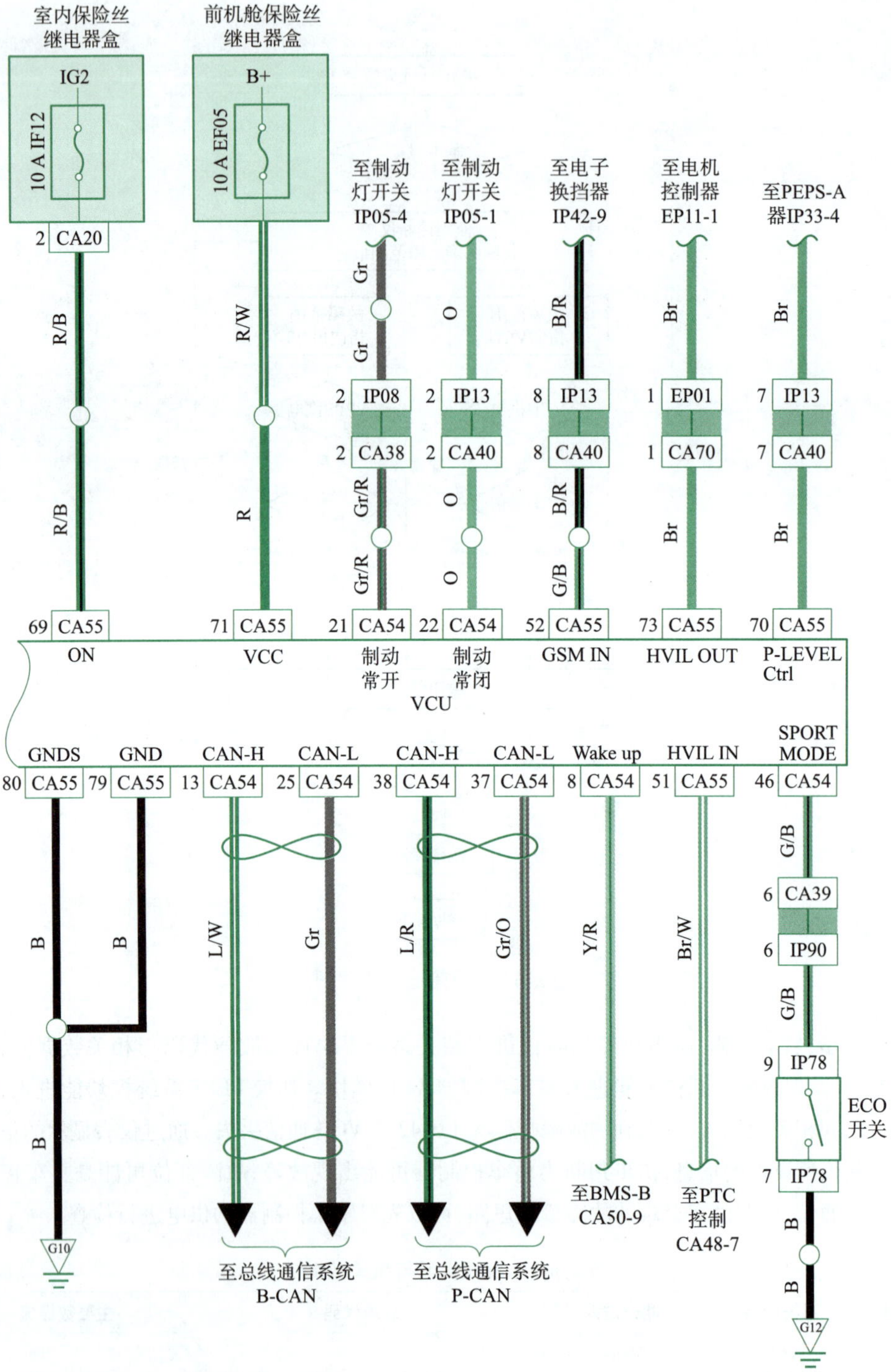

图 2-6-2　故障诊断电路图

第五步，故障范围检测与测量。断开蓄电池负极，等待 5 min，进行基本检查，检查插接器外观及连接是否正常，若正常则继续测量，若不正常则进行更换或维修。故障诊断测量值见表 2-6-2。

表 2-6-2　故障诊断测量值

步骤	端子号	测量条件	测量端子号图示	测量值	正常值	结论
1	VCC 电压 CA55/71→GND	ON 挡	CA55 端子 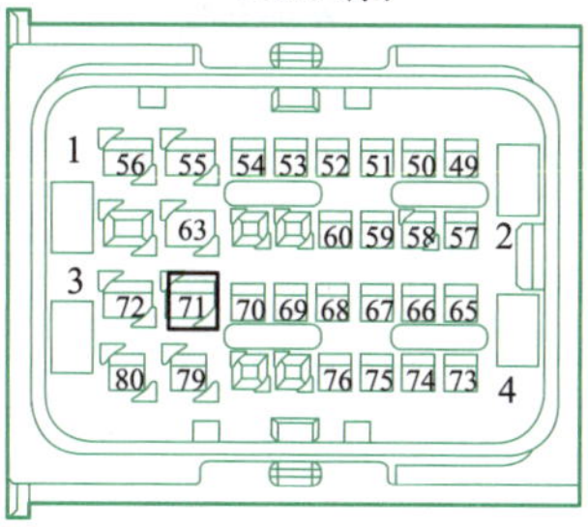	12.45 V	11～14 V	正常
2	ON 电压 CA55/69→GND	ON 挡	CA55 端子 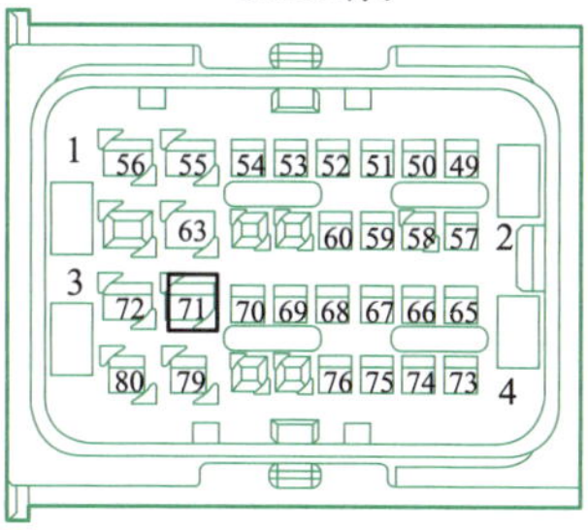	0 V	11～14 V	异常
3	IF12 上端电压	ON 挡		12.45 V	11～14 V	正常
4	IF12 下端电压	ON 挡		0 V	11～14 V	异常
5	IF12 电阻	OFF 挡		∞	小于 1 Ω	异常
6	IF12 下端 对地电阻	OFF 挡 断负极		不等于 0	不等于 0	正常

第六步，故障点确认。经检查发现 IF12 保险熔断。

第七步，故障排除及验证。更换 IF12 保险，车辆上电，没有 IMMO 认证失败的提示，READY 灯亮起，使用故障诊断仪对帝豪 EV300 进行故障代码和数据流的读取，VCU 模块能进入，PEPS 显示无故障代码，确认故障已排除。

学习笔记

实训六　学生任务单

实训名称		实训场地		实训时间	
实训内容					

一、知识准备

新能源汽车整车控制系统是基于车载电子＿＿＿＿＿＿的硬件和软件，以及 CAN ＿＿＿＿＿＿系统等来实现对整车各个＿＿＿＿＿＿的控制。整车控制系统是新能源汽车三大核心系统之一，由整车控制器 VCU、电机控制单元 MCU、＿＿＿＿＿＿ BMS、CAN 通信系统、零部件控制器以及驾驶人操纵系统构成。

整车控制器共有 9 个工作模式，分别为＿＿＿＿＿＿、充电状态、启动状态(也可以称为自检状态)、＿＿＿＿＿＿、车辆前进/后退状态、回馈制动状态、机械制动状态、一般故障状态、＿＿＿＿＿＿状态。

二、实训计划

请根据实训目的，确定实训过程中所需要的工具、设备、检测仪器及防护用具等。并对小组成员进行合理的分工，制订详细的实训计划。

1. 将实训过程中所需要的工具、设备、检测仪器及防护用具填入表 2-6-3 中。

表 2-6-3　实训设备或工具

序号	名称	型号与规格	单位	数量	备注

学习笔记

2. 小组成员分工(全班学生以 6 人为一个小组,各组选出组长并进行任务分工,将小组成员及分工情况填入表 2-6-4 中)。

表 2-6-4　小组成员及任务分工

小组成员	姓名	任务分工
组长		
组员		

三、实训总结

对本次实训进行总结,并将操作过程中遇到的问题及相应解决方案填入表 2-6-5 中。

表 2-6-5　实训总结及问题解决方案

序号	操作内容	遇到的问题及相应解决方案

四、实训综合评价

实训考核评价表见表 2-6-6。

表 2-6-6　实训考核评价表

项目名称	评价内容	分值	评价分数		
			自评	互评	师评
职业素养考核	无迟到、无早退、无旷课	8 分			
	仪容仪表符合规范要求	8 分			
	具备良好的安全意识与责任意识	10 分			
	具备良好的团队合作与交流能力	8 分			
	具备较强的纪律执行能力	8 分			
	保持良好的作业现场卫生	8 分			
专业能力考核	积极参加教学活动,按时完成任务单	16 分			
	操作规范,符合作业规程	16 分			
	操作熟练,工作效率高	18 分			
合计		100 分			
总评	自评(20%) + 互评(20%) + 师评(60%)		指导教师:		

学习笔记

五、课后练习

填空题

IMMO 模块集成在 PEPS(无钥匙进入一键式启动控制单元)中。当按下__________,PEPS 模块检测周围遥控器(UID)的__________,遥控器发出信号回应车辆,以解锁__________(ESCL),此时,PEPS 模块通过 CAN 总线与整车控制系统 VCU 进行__________,若所有信息有效,PEPS 模块将控制启动继电器以启动车辆。

IMMO 认证是__________的第一步,IMMO 认证的条件是 PEPS 收到有效的钥匙信息、制动踏板被踩下、__________被按下、VCU 正常工作并把__________信息传递至 PEPS,IMMO 认证成功是低压启动成功的标志,IMMO 认证成功,防盗解除。IMMO 认证失败涉及 VCU 模块的故障主要包含 VCU __________、VCU 的车身 CAN 总线、VCU 信号以及 VCU __________等,涉及 PEPS 模块的故障主要包含 PEPS 供电异常、PEPS __________等。

实训七　整车控制器引起高压供电不正常故障

一、实训目的

1. 掌握新能源汽车高压启动控制系统结构与原理。
2. 能根据高压启动控制系统原理制定高压启动控制的检修方法。

二、实训内容

1. 新能源汽车高压供电不正常的故障诊断流程。
2. 根据制定的诊断流程对 VCU 引起高压供电不正常故障进行诊断与排除。

三、实训设备

实训整车、万用表、解码器、维修手册及电路图、放电笔。

四、实训步骤

当车辆发生高压供电不正常的故障时一般遵循图 2-7-1 所示故障诊断流程进行排除。首先要进行初步的检查，对低压蓄电池、高低压插接器等进行检查，如果低压蓄电池电压异常，则进行补充电能或者更换，如果有动力电池包相关插接器松动、脱落就进行修复，故障解除，则诊断结束。故障依然存在，则使用故障诊断仪，根据故障指向进行相应的检测与修复，当指向 VCU 时，则从 VCU 的供电、通信、硬件等方面进行逐步排查，直至找到故障点并修复。

下面根据前面制定的诊断流程，完成故障案例——高压供电不正常故障的检测、诊断与修复。

第一步，确认故障现象。根据客户描述的故障现象，检查组合仪表的故障提示，发现 READY 指示灯没有点亮，蓄电池充电警告灯点亮，系统故障警告灯点亮，动力电池故障警告灯点亮，ESC 系统故障警告灯点亮，车辆无法行驶。

第二步，连接故障诊断仪。关闭点火开关，将故障诊断仪与车辆诊断口连接。OBD 诊断口与解码器连接方式如图 2-3-2 所示。

第三步，启动车辆，使用故障诊断仪进入相关系统模块读取故障代码与相关数据流，填写表 2-7-1。发现故障诊断仪不能进入整车控制器 VCU 模块，切换 BMS、TCU 等系统模块都能进入，读取故障代码和相关数据流，读取到的故障代码为 U014287，VCU 通信丢失。通过仪表显示和故障诊断仪所读取的信息，初步判断为整车控制器可能出现故障，故障部位可能是整车控制器的供电和通信，按照由简至难的故障诊断思路，可以先对整车控制器的供电进行检查。

学习笔记

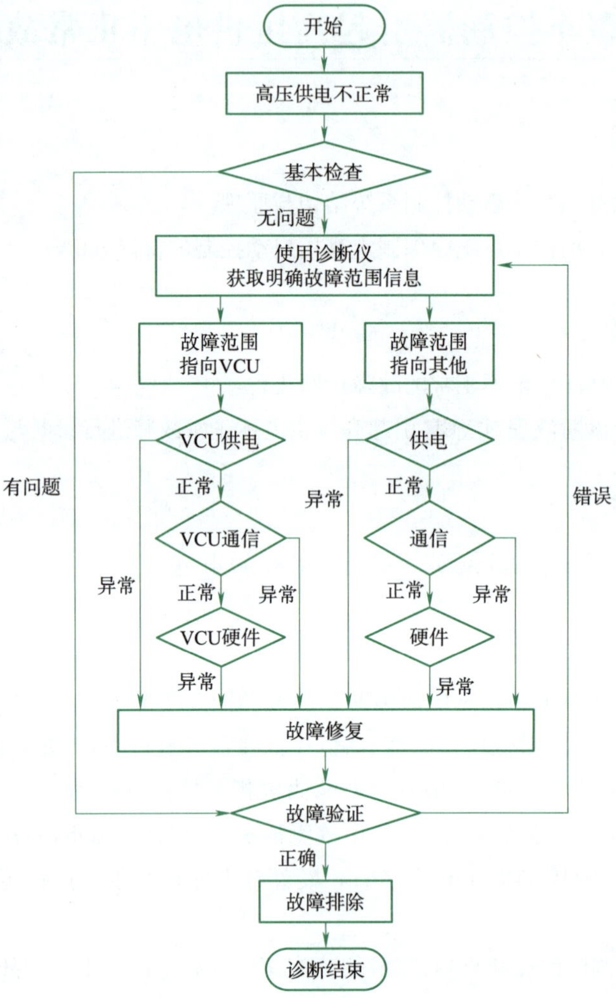

图 2-7-1 故障诊断流程图

表 2-7-1 故障代码与相关数据流

序号	系统模块	能否进入	故障代码	主要数据流
1	VCU	不能		
2	BMS	能	U014287,VCU 通信丢失	
3	TCU	能	U014287,VCU 通信丢失	

第四步,确定故障范围。根据故障诊断仪的相关故障代码和数据流,结合吉利帝豪EV300 的整车控制器 VCU 电路图(见图 2-7-2)。导致该故障发生的可能原因有:整车控制器供电故障;整车控制器通信故障;整车控制器本体故障等。按照由简至难的故障诊断思路,可以先对整车控制器的供电进行检查,需要查找整车控制器 VCU 电路图,然后查找总线通信系统(CAN 通信网络)电路图,最后确定故障点为供电故障或通信故障。

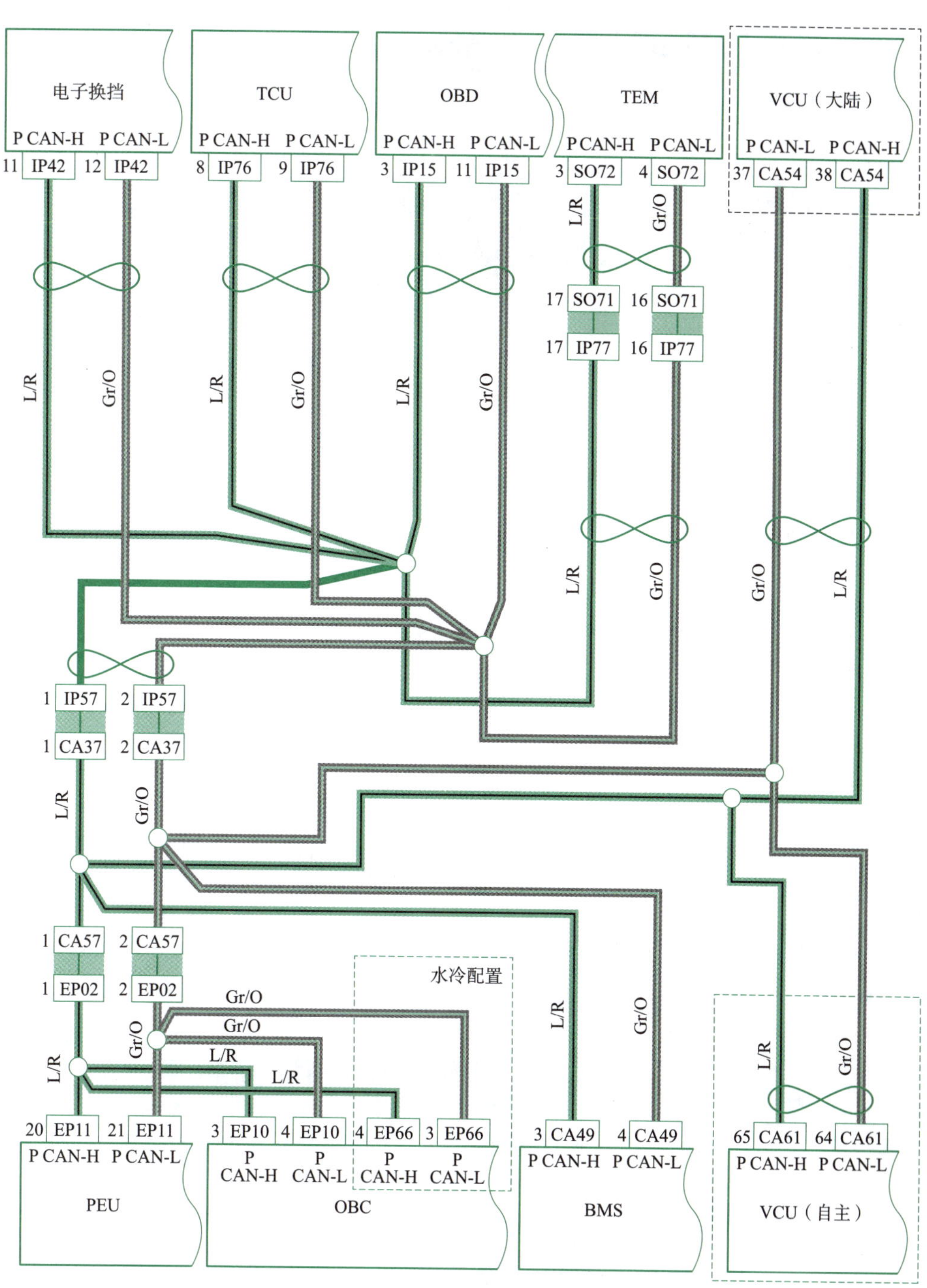

图 2-7-2　故障诊断电路图

第五步，故障范围检测与测量。断开蓄电池负极，等待 5 min，进行基本检查，检查插接器外观及连接是否正常，若正常则继续测量，若不正常则进行更换或维修。故障诊断测量值见表 2-7-2。

学习笔记

表 2-7-2　故障诊断测量值

步骤	端子号	测量条件	测量端子号图示	测量值	正常值	结论
1	VCC 电压 CA55/71→GND	ON 挡	CA55 端子 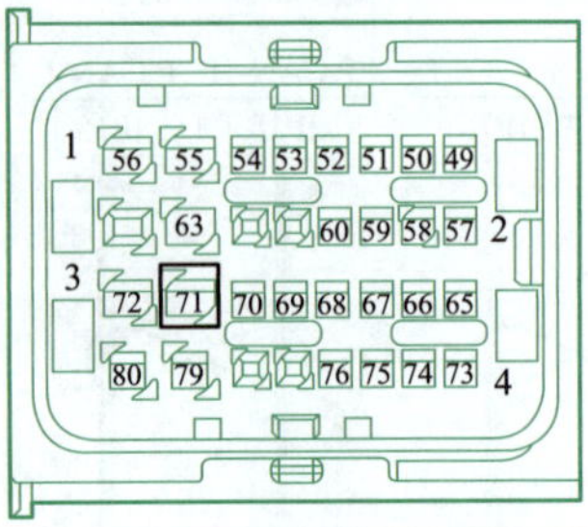	12. 45 V	11～14 V	正常
2	ON 电压 CA55/69→GND	ON 挡	71 号端子 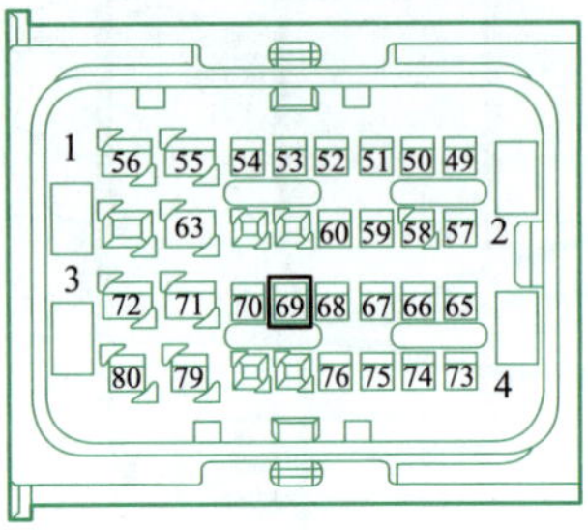	12. 45 V	11～14 V	正常
3	ON 电压 CA55/72→GND	ON 挡	71 号端子 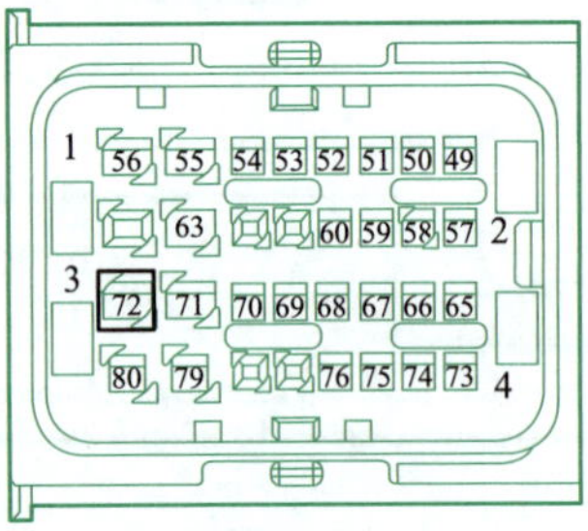	12. 45 V	11～14 V	正常
4	线路电阻 CA54/37、38→GND	OFF 挡	CA54 端子 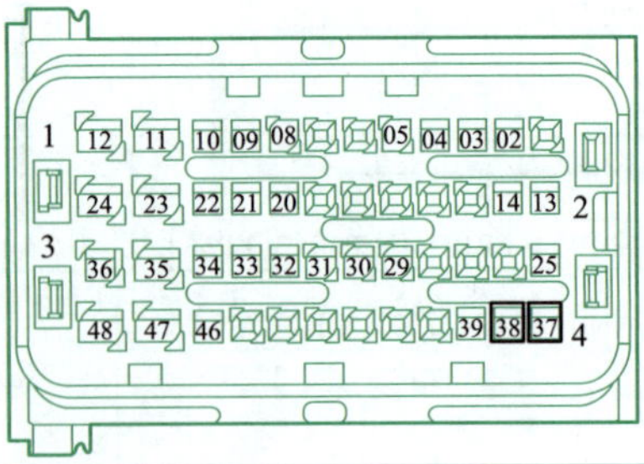	∞	∞	正常
5	网络终端电阻 CA54/37→CA54/38	OFF 挡	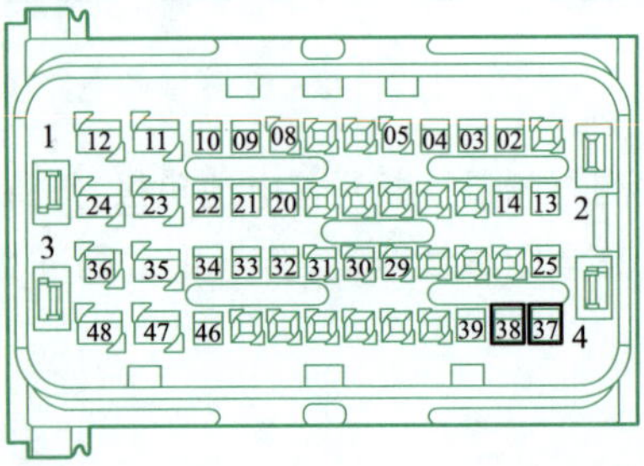	49 kΩ	60 Ω 左右	异常

续表

步骤	端子号	测量条件	测量端子号图示	测量值	正常值	结论
6	线路电阻 CA54/38→CA57/1	OFF 挡	CA57 端子 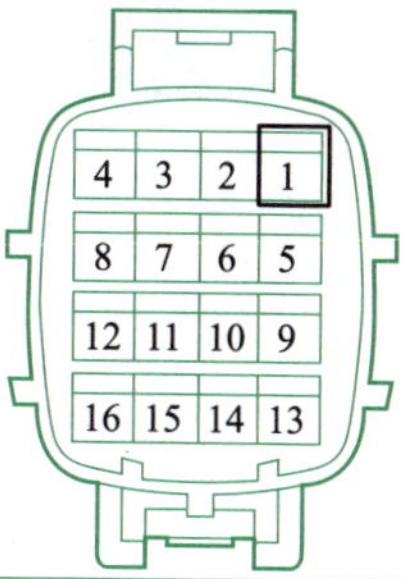 CA54 端子 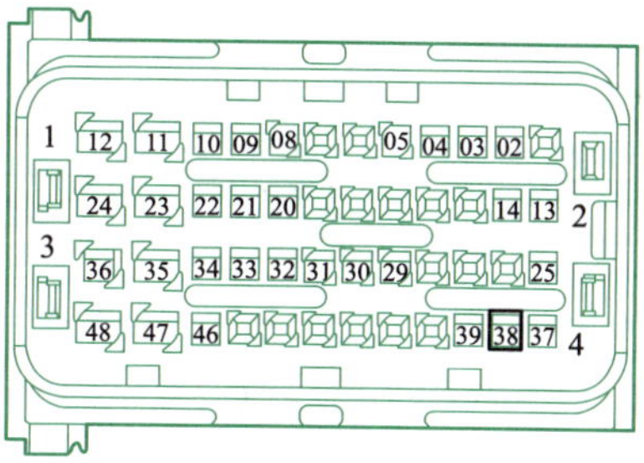	0.8 Ω	小于 1 Ω	正常
7	线路电阻 CA54/37→CA57/2	OFF 挡	CA57 端子 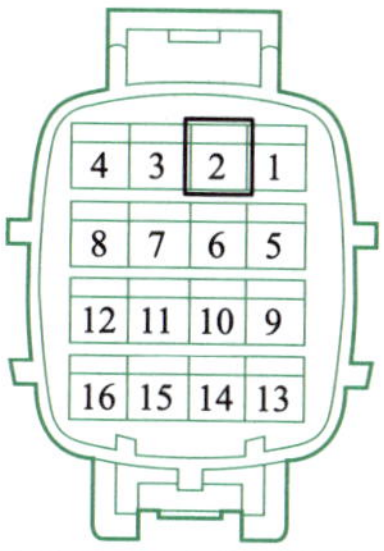 CA54 端子 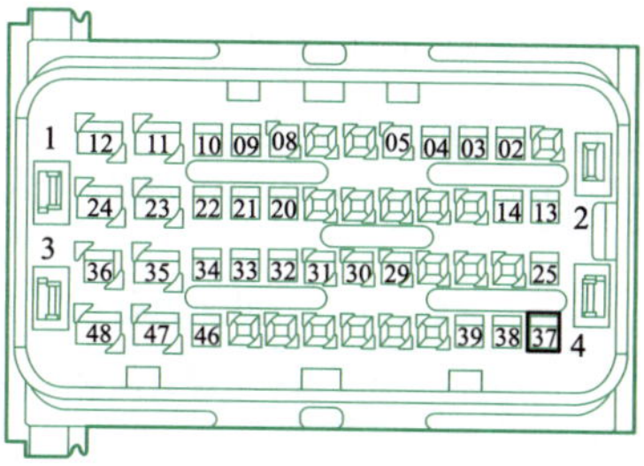	53 kΩ	小于 1 Ω	异常

第六步，故障点确认。测量结果表明，连接器 CA54 的端子 37 与连接器 CA57 的端子 2 之间的线束存在断路，检查相关线束，发现在整车控制器下方的线束（线束颜色主色为灰、辅色为橙）断开。

第七步，故障排除及验证。按维修手册的要求修复故障线束，重新启动，高压供电正常，READY 灯亮起，使用故障诊断仪对帝豪 EV300 进行故障代码和数据流的读取，VCU 模块能进入，确认故障已排除。

学习笔记

学习笔记

实训七　学生任务单

实训名称		实训场地		实训时间	
实训内容					

一、知识准备

高压启动即车辆从其他挡位(OFF 挡、ACC 挡、ON 挡)至____________挡的过程,也可称为____________。高压上电成功的车辆状态:与车辆高压系统运行相关模块都处于可工作、高压接触器____________、驱动系统无故障、仪表 READY 指示灯点亮的状态。由于高压供电不正常涉及故障范围较广,为了快速锁定缩小故障范围,需利用诊断仪进行故障检测。通过故障诊断仪检测发现 VCU 模块____________,而 VCU 正常通信的前提条件是 VCU 本身____________,按照常规分析一个电控模块正常工作的条件是:①需正常的工作电源和____________良好;②模块通信线良好;③模块本身完好。因此需要从以上三方面考虑____________工作是否正常。

二、实训计划

请根据实训目的,确定实训过程中所需要的工具、设备、检测仪器及防护用具等。并对小组成员进行合理的分工,制订详细的实训计划。

1. 将实训过程中所需要的工具、设备、检测仪器及防护用具填入表 2-7-3 中。

表 2-7-3　实训设备或工具

序号	名称	型号与规格	单位	数量	备注

2. 小组成员分工(全班学生以 6 人为一个小组,各组选出组长并进行任务分工,将小组成员及分工情况填入表 2-7-4 中)。

学习笔记

表 2-7-4　小组成员及任务分工

小组成员	姓名	任务分工
组长		
组员		

三、实训总结

对本次实训进行总结，并将操作过程中遇到的问题及相应解决方案填入表 2-7-5 中。

表 2-7-5　实训总结

序号	操作内容	遇到的问题及相应解决方案

四、实训综合评价

实训考核评价表见表 2-7-6。

表 2-7-6　实训考核评价表

项目名称	评价内容	分值	评价分数		
			自评	互评	师评
职业素养考核	无迟到、无早退、无旷课	8 分			
	仪容仪表符合规范要求	8 分			
	具备良好的安全意识与责任意识	10 分			
	具备良好的团队合作与交流能力	8 分			
	具备较强的纪律执行能力	8 分			
	保持良好的作业现场卫生	8 分			
专业能力考核	积极参加教学活动，按时完成任务单	16 分			
	操作规范，符合作业规程	16 分			
	操作熟练，工作效率高	18 分			
合计		100 分			
总评	自评(20%) + 互评(20%) + 师评(60%)		指导教师：		

学习笔记

五、课后练习

填空题

整车控制器产生与其他高压控制器无法通信故障时，仪表上会显示蓄电池____________点亮，系统故障警告灯点亮，____________故障警告灯点亮，ESC系统故障警告灯点亮，一般这类故障是由于____________故障、电池管理系统故障等导致。

整车控制器与电池管理系统、电机控制系统、充电控制系统通过____________总线通信，整车控制器P-CAN总线接收其他____________的信号，也通过P-CAN总线向其他的高压控制系统发送指令。

整车控制器的故障主要包含整车控制器____________、整车控制器____________损坏、整车控制器____________故障、整车控制器插接器故障等。

学习笔记

实训八　高压互锁异常引起高压供电不正常故障

一、实训目的

1. 能描述新能源汽车高压互锁系统结构与原理。
2. 能根据高压互锁控制系统原理制定高压互锁的检修方案。
3. 养成遵守安全作业要求、注重安全防护的安全意识。
4. 养成严格执行检修规范、严谨科学的工作态度。

二、实训内容

1. 掌握新能源汽车高压互锁系统的结构与工作原理、诊断方法和制定诊断流程。
2. 根据诊断流程对高压互锁引起高压供电不正常故障进行诊断与排除。

三、实训设备

实训整车、万用表、解码器、维修手册及电路图、放电笔。

四、实训步骤

当车辆发生高压互锁故障时，要根据用户描述的故障现象，初步分析故障，使用解码器检查故障代码与数据流，分析判断故障，通过分析判断制定故障维修流程，进行故障检测。吉利帝豪 EV300 高压互锁故障出现后，应该从整车控制器、电机控制器、空调压缩机、PTC 加热控制器按线路、插接器、器件本身等部件逐步进行故障检测与分析。故障诊断流程图如图 2-8-1 所示。

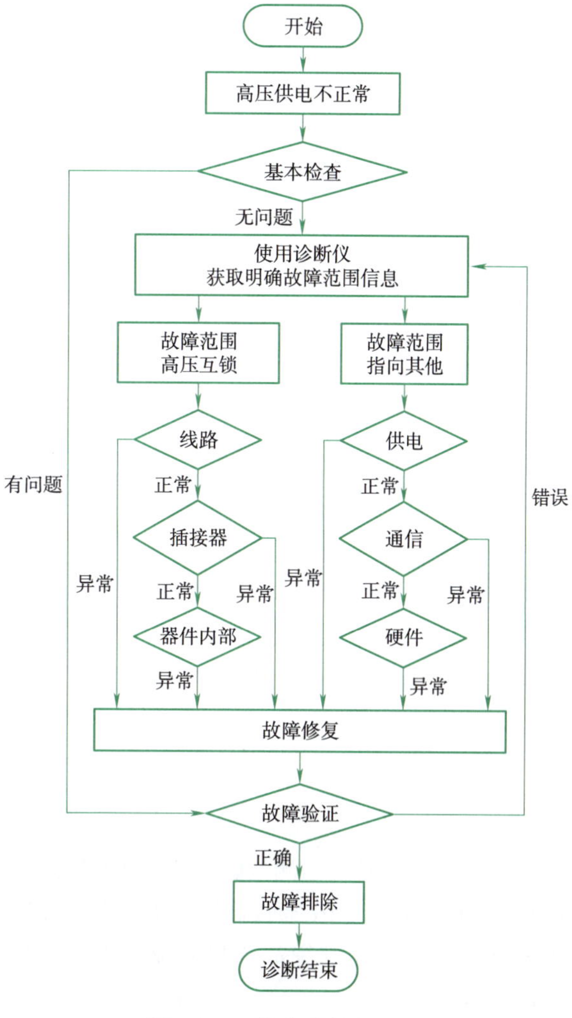

图 2-8-1　故障诊断流程图

下面根据前面制定的诊断流程，完成故障案例——高压互锁故障的检测、诊断与修复。

第一步，确认故障现象。根据用户描述的故障现象，检查组合仪表的故障提示，发现 READY 指示灯没有点亮，蓄电池充电警告灯点亮，动力系统故障警告灯点亮，车辆无法启动。

第二步，连接故障诊断仪。关闭点火开关，将故障诊断仪与车辆诊断口连

学习笔记

接。OBD 诊断口与解码器连接方式如图 2-3-2 所示。

第三步,启动车辆,使用故障诊断仪进入相关系统模块读取故障代码和相关数据流,进入整车控制器 VCU 模块读取故障代码为 P0A0A11,VCU 高压互锁断开,故障诊断仪读取的故障代码见表 2-8-1。

表 2-8-1 故障代码与相关数据流

系统模块	能否进入	故障代码
VCU	能	P0A0A11,VCU 高压互锁断开

第四步,确定故障范围。通过仪表显示和故障诊断仪所读取的信息,初步判断为整车控制器 VCU 的高压互锁出现故障,故障范围为 VCU 本身、高压互锁线路、插接器以及相关器件本身,故障诊断原理图如图 2-8-2 所示。

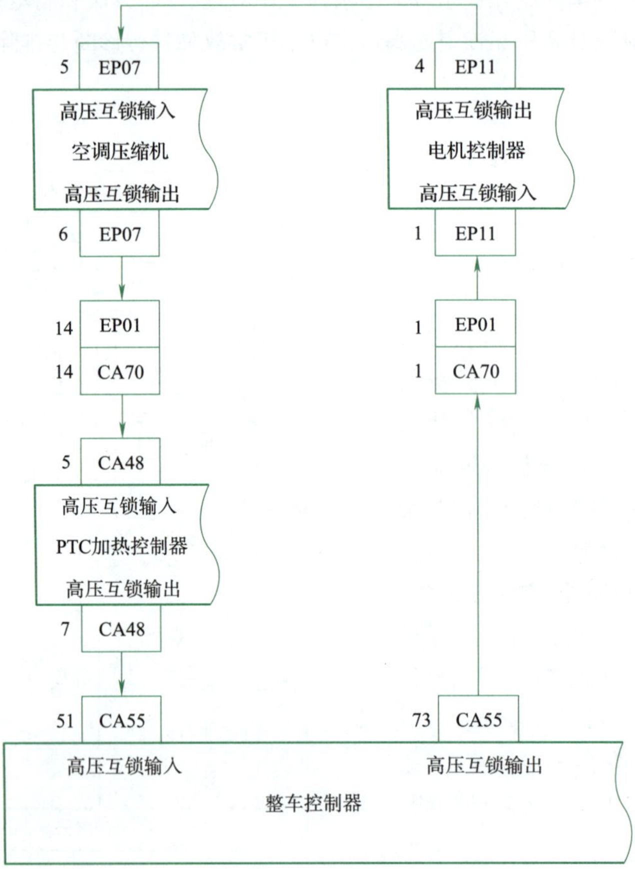

图 2-8-2 故障诊断电路图

第五步,线路检测与测量。断开蓄电池负极,等待 5 min,进行基本检查,对 CA55、CA48、EP11、EP07、CA70/EP01 插接器外观及连接情况进行检查,检查插接器外观及连接是否正常。再按照 EV300 高压互锁故障检修流程进行检测,如图 2-8-3 所示。故障诊断测量值见表 2-8-2。

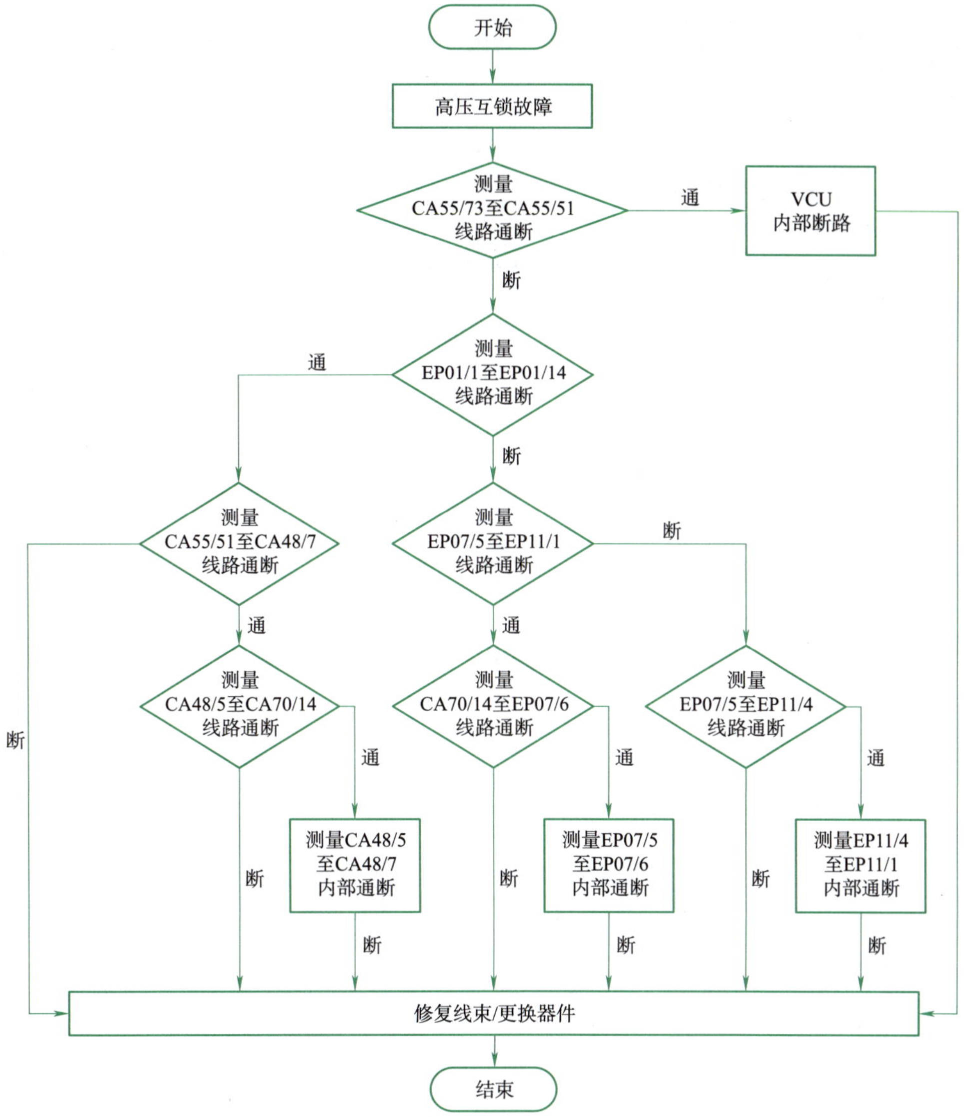

图 2-8-3　EV300 高压互锁故障检修流程

表 2-8-2　故障诊断测量值

步骤	端子号	测量条件	测量端子号图示	测量值	正常值	结论
1	线路电阻 CA55/51→CA55/73	OFF 挡	CA55 端子 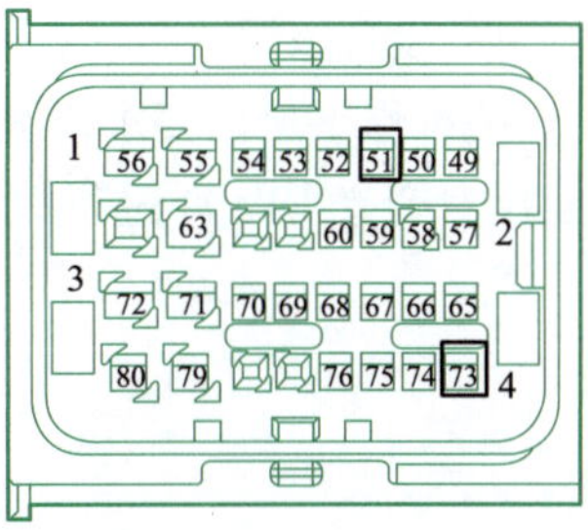	∞	小于 1 Ω	异常

学习笔记

续表

步骤	端子号	测量条件	测量端子号图示	测量值	正常值	结论
2	线路电阻 EP01/1→EP01/14	OFF 挡	EP01 端子 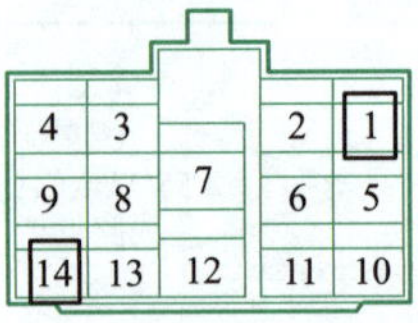	0.6 Ω	小于1 Ω	正常
3	线路电阻 CA48/5→CA70/14	OFF 挡	CA48 端子 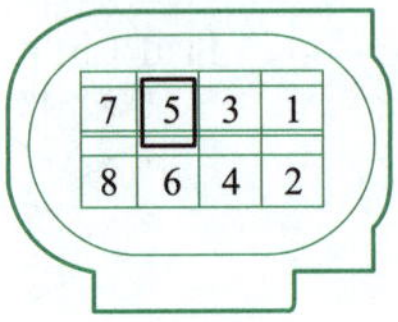 CA70 端子 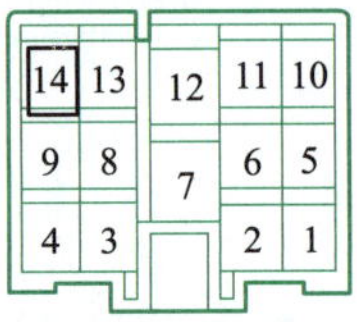	0.6 Ω	小于1 Ω	正常
4	线路电阻 CA55/51→CA48/7	OFF 挡	CA48 端子 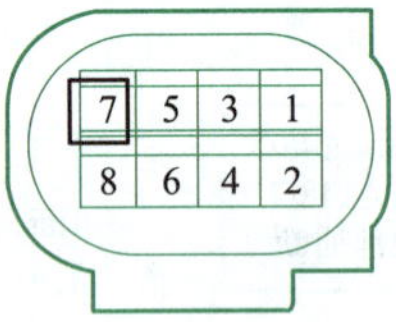 CA55 端子 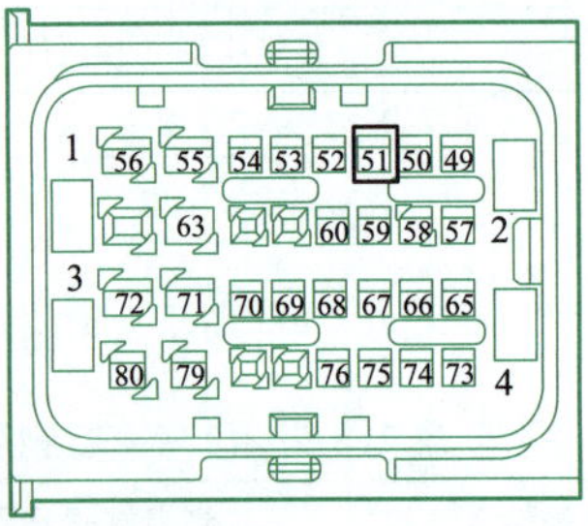	∞	小于1 Ω	异常

第六步,故障点确认。测量结果表明,连接器 CA55 的端子 51 与连接器 CA48 的端子 7 之间的线束存在断路,检查相关线束,发现该线路断开。

第七步,故障排除及验证。按维修手册的要求修复故障线束,重新启动,高压供电正常,READY 灯亮起,使用故障诊断仪对帝豪 EV300 进行故障代码和数据流的读取,故障代码消失,确认故障已排除。

学习笔记

实训八　学生任务单

实训名称		实训场地		实训时间	
实训内容					

一、知识准备

高压互锁也称__________回路，是通过使用电气信号来检查整个高压部件、导线、__________及护盖的电气__________（连续性），识别到回路异常断开时，及时断开__________。

高压互锁出现故障整车是无法上高压电的，VCU 检测不到__________信号，就会将整个车辆__________断开，并将检测到的故障发送到__________，由 BCM 传到仪表显示故障现象。

二、实训计划

请根据实训目的，确定实训过程中所需要的工具、设备、检测仪器及防护用具等。并对小组成员进行合理的分工，制订详细的实训计划。

1. 将实训过程中所需要的工具、设备、检测仪器及防护用具填入表 2-8-3 中。

表 2-8-3　实训设备或工具

序号	名称	型号与规格	单位	数量	备注

2. 小组成员分工（全班学生以 6 人为一个小组，各组选出组长并进行任务分工，将小组成员及分工情况填入表 2-8-4 中）。

学习笔记

表 2-8-4　小组成员及任务分工

小组成员	姓名	任务分工
组长		
组员		

三、实训总结

对本次实训进行总结,并将操作过程中遇到的问题及相应解决方案填入表 2-8-5 中。

表 2-8-5　实训总结

序号	操作内容	遇到的问题及相应解决方案

四、实训综合评价

实训考核评价表见表 2-8-6。

表 2-8-6　实训考核评价表

项目名称	评价内容	分值	评价分数		
			自评	互评	师评
职业素养考核	无迟到、无早退、无旷课	8 分			
	仪容仪表符合规范要求	8 分			
	具备良好的安全意识与责任意识	10 分			
	具备良好的团队合作与交流能力	8 分			
	具备较强的纪律执行能力	8 分			
	保持良好的作业现场卫生	8 分			
专业能力考核	积极参加教学活动,按时完成任务单	16 分			
	操作规范,符合作业规程	16 分			
	操作熟练,工作效率高	18 分			
合计		100 分			
总评	自评(20%) + 互评(20%) + 师评(60%)		指导教师:		

学习笔记

五、课后练习

填空题

外部高压插件环路由整车控制器 VCU、____________PEU、空调压缩机、加热控制器____________组成。如果高压互锁____________的线路、插接器以及器件不正常，那么整车控制器将接收不到____________信号，整车控制器将全车____________，报故障。

高压互锁存在两种类型，一种是通过控制器中的____________线束来检测整车高压回路；另一种是控制器端盖布置了____________装置，同样可以检测整车高压回路。

高压互锁在检测时，先检测整车控制器____________线路，在检测整车控制器与车载____________之间的高压互锁线路，判断是哪一侧出现故障，最后按系统____________检测。

学习笔记

实训九　加速传感器引起车辆不能正常行驶故障

一、实训目的

1. 能够描述新能源汽车加速控制器结构与原理。
2. 能够根据整车控制原理制定加速控制器的检修方法。

二、实训内容

1. 掌握新能源汽车加速控制器的结构与工作原理。
2. 掌握新能源汽车加速控制器的诊断方法并制定诊断流程。
3. 能够根据诊断流程对加速异常引起车辆不能正常行驶故障进行诊断与排除。

三、实训设备

实训整车、万用表、解码器、该车型维修手册及电路图。

四、实训步骤

车辆高压供电正常，READY 灯亮，但是挂挡踩下加速踏板时车辆不能行驶。此时要根据用户描述的故障现象，初步分析故障，使用解码器检查故障代码和数据流，分析判断故障，通过分析判断制定故障维修流程。吉利帝豪 EV300 电动汽车出现该类无法正常行驶故障诊断流程应该从加速踏板本身及其相关线路、控制单元等方面进行故障分析。具体的故障诊断流程图如图 2-9-1 所示。

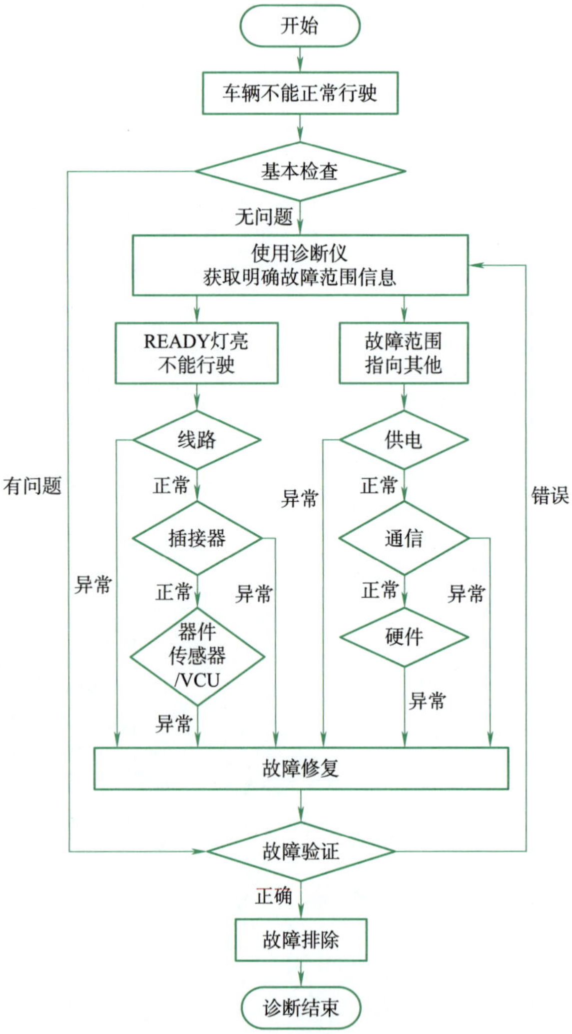

图 2-9-1　故障诊断流程图

下面根据前面制定的诊断流程，完成故障案例——车辆高压供电正常，READY 灯亮，车辆不能正常行驶故障的检测、诊断与修复。

第一步，确认故障现象。根据用户描述的故障现象，车辆高压供电正常，READY 灯亮，检查组合仪表的故障提示，把档位调到 D 挡后，踩下加速踏板车辆无法行驶，仪表上故障提醒警告灯点亮，松开加速踏板故障提醒警告灯熄灭。

第二步，连接故障诊断仪。关闭点

火开关，将故障诊断仪与车辆诊断口连接。OBD 诊断口与解码器连接方式如图 2-3-2 所示。

第三步，启动车辆，使用故障诊断仪进入相关系统模块读取故障代码与相关数据流（见表 2-9-1）。读取整车控制器 VCU 模块，故障代码为 P212211，油门 1 信号值过低。相关数据流为油门 1 信号 0 V，油门 2 信号 2.1 V，踩加速踏板，油门 1 信号没变化，油门 2 信号变大，通过仪表显示和故障诊断仪所读取的信息，初步判断为加速踏板 1 信号可能出现故障，故障部位可能是线路或传感器本身，按照由简至难的故障诊断思路，可以先对加速踏板传感器线路进行检查。

表 2-9-1　故障代码相关数据流

序号	系统模块	能否进入	故障代码	主要数据流
1	VCU	能	P212211，油门 1 信号值过低	油门 1 信号 0 V 油门 2 信号 2.1 V 踩下加速踏板，油门 1 信号无变化，油门 2 信号变大

第四步，确定故障范围。根据故障诊断仪的相关故障代码和数据流，结合帝豪 EV300 的 VCU 加速控制电路图分析，导致该故障发生的可能原因为：加速踏板传感器自身及其相关线路、插接器等发生故障。故障诊断电路图如图 2-9-2 所示。

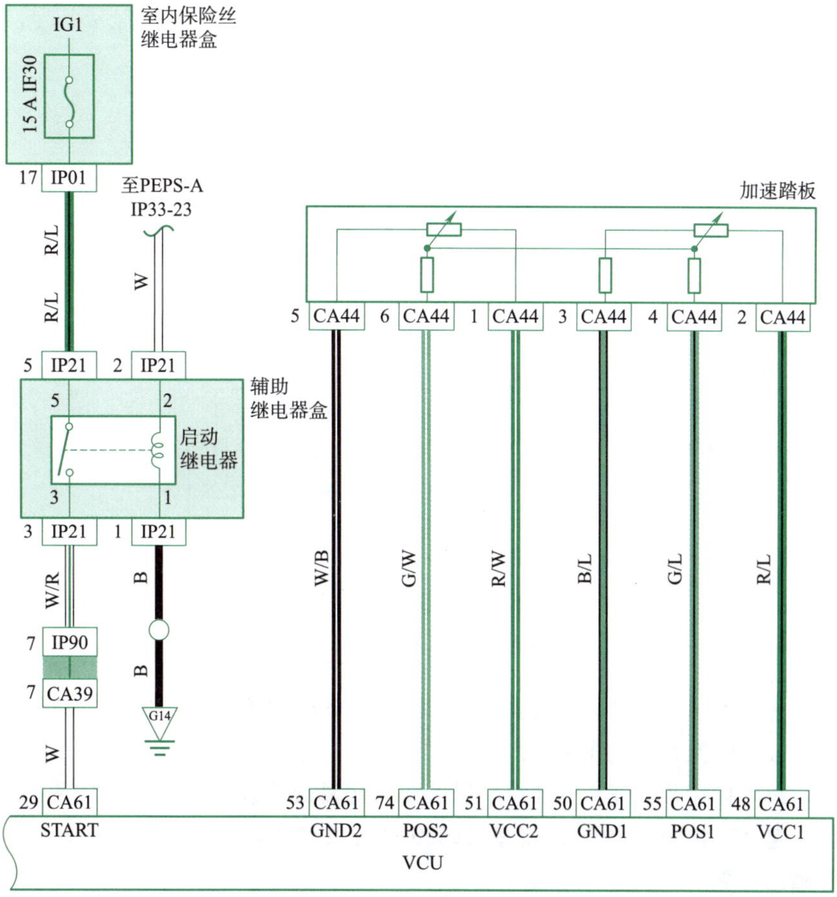

图 2-9-2　故障诊断电路图

学习笔记

第五步，线路检测与测量。断开蓄电池负极，等待 5 min，进行基本检查，对 CA55、CA54、CA44 插接器外观及连接情况进行检查，检查插接器外观及连接是否正常，若存在异常则进行维修，若正常则进行一下逐步检查和测量，故障诊断测量值见表 2-9-2。

表 2-9-2　故障诊断测量值

步骤	端子号	测量条件	测量端子号图示	测量值	正常值	结论
1	加速踏板 1 信号 CA44/4→CA44/3	ON 挡	CA44 端子 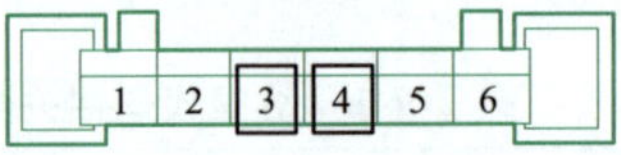	4.48 V	4.5 V	正常
2	加速踏板 1 信号 CA44/2→CA44/3	ON 挡	CA44 端子 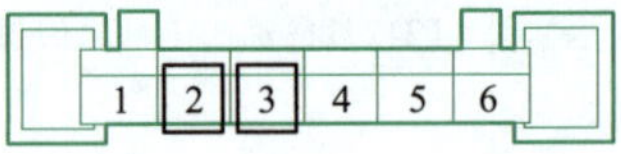	0 V	5 V	异常
3	VUC 端 VCC1 电压 CA55/76→CA55/75	ON 挡	CA55 端子 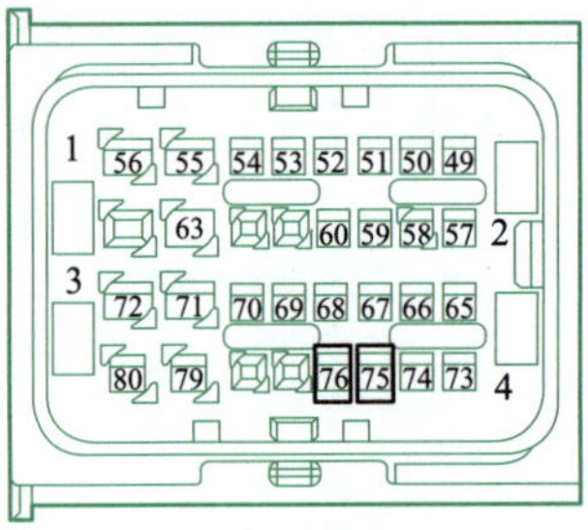	4.98 V	5 V	正常
4	线路电阻 CA55/76→CA44/2	OFF 挡	CA44 端子 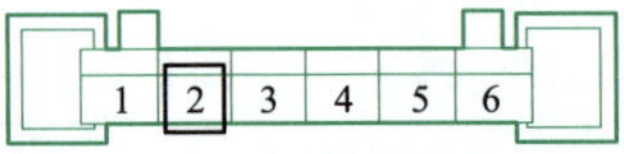 CA55 端子 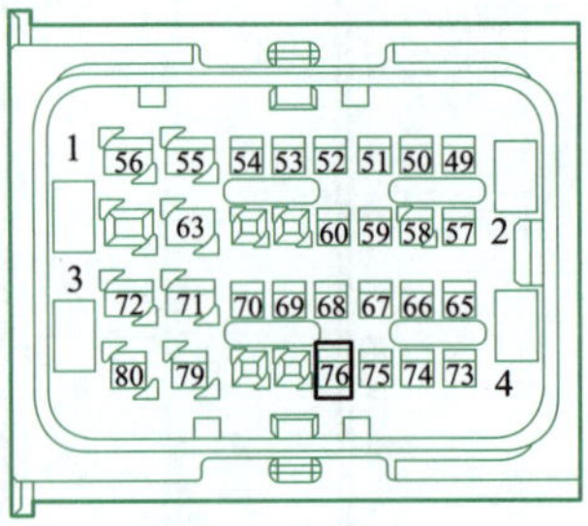	∞	小于 1 Ω	异常

第六步，故障点确认。测量结果表明，连接器 CA55 的端子 76 与连接器 CA44 的端子 2 之间的线束存在断路，检查相关线束，发现该线路断开。

第七步，故障排除及验证。按维修手册的要求修复故障线束，重新启动，高压供电正常，READY 灯亮起，使用故障诊断仪对帝豪 EV300 进行故障代码和数据流的读取，故障代码消失，确认故障已排除。

学习笔记

实训九　学生任务单

实训名称		实训场地		实训时间	
实训内容					

一、知识准备

新能源汽车无法正常行驶故障分两种情况，一种车辆可以上__________，但是挂挡踩下加速踏板车辆__________，另一种是车辆__________上 READY 灯亮，车辆无法正常行驶。

车辆__________不正常，READY 灯不亮，车辆无法正常行驶，故障比较广，高压__________要分析，__________控制系统也要分析，主要还是要看 READY 灯亮不亮的故障现象，根据 READY __________的故障现象进行具体分析。

二、实训计划

请根据实训目的，确定实训过程中所需要的工具、设备、检测仪器及防护用具等。并对小组成员进行合理的分工，制订详细的实训计划。

1. 将实训过程中所需要的工具、设备、检测仪器及防护用具填入表 2-9-3 中。

表 2-9-3　实训设备或工具

序号	名称	型号与规格	单位	数量	备注

2. 小组成员分工（全班学生以 6 人为一个小组，各组选出组长并进行任务分工，将小组成员及分工情况填入表 2-9-4 中）。

学习笔记

表 2-9-4　小组成员及任务分工

小组成员	姓名	任务分工
组长		
组员		

三、实训总结

对本次实训进行总结，并将操作过程中遇到的问题及相应解决方案填入表 2-9-5 中。

表 2-9-5　实训总结

序号	操作内容	遇到的问题及相应解决方案

四、实训综合评价

实训考核评价表见表 2-9-6。

表 2-9-6　实训考核评价表

项目名称	评价内容	分值	评价分数		
			自评	互评	师评
职业素养考核	无迟到、无早退、无旷课	8 分			
	仪容仪表符合规范要求	8 分			
	具备良好的安全意识与责任意识	10 分			
	具备良好的团队合作与交流能力	8 分			
	具备较强的纪律执行能力	8 分			
	保持良好的作业现场卫生	8 分			
专业能力考核	积极参加教学活动，按时完成任务单	16 分			
	操作规范，符合作业规程	16 分			
	操作熟练，工作效率高	18 分			
合计		100 分			
总评	自评(20%)+互评(20%)+师评(60%)		指导教师：		

学习笔记

五、课后练习

填空题

车辆高压供电正常，READY 灯__________，但是挂挡踩下加速踏板车辆__________，通过现象可以分析出高压控制系统是__________，__________控制系统出现故障，这种故障一般出现在 VCU __________单元，__________本身及其相关线路。

加速踏板的故障主要包含加速踏传感器__________及其相关线路、__________等。

项目四

电池管理系统故障诊断与排除

学习笔记

实训十　电池管理系统引起高压供电不正常故障

一、实训目的

1. 能够描述新能源汽车电池管理系统结构与原理。
2. 能够根据电池系统控制原理制定电池管理系统的检修方法。
3. 养成遵守安全作业要求、注重安全防护的安全意识。
4. 能根据环保要求，正确处理对环境和人体有害的废料和损坏的零部件。

二、实训内容

1. 掌握新能源汽车电池管理系统的结构与工作原理、诊断方法并制定诊断流程。
2. 根据制定的诊断流程对电池管理系统故障进行诊断与排除。

三、实训设备

实训整车、万用表、解码器、该车维修手册及电路图、高压放电笔。

四、实训步骤

首先进行初步检查，对低压蓄电池、高低压插接器等进行检查，如果低压蓄电池电压异常，则进行补充电能或者更换，如果有动力电池包相关插接器松动、脱落则进行修复，故障解除，诊断结束。如果故障依然存在，则使用故障诊断仪，根据故障指向进行相应的检测与修复，当指向 VCU 时，则从 VCU 的供电、通信、硬件等方面进行逐步排查，直至找到故障点并修复；当指向 BMS 时，则从 BMS 的供电、通信、硬件等方面进行逐步排查，直至找到故障点并修复，当指向电池包时，则从电池包本身以及插接件等进行排查，直至找到故障点并修复。具体的故障诊断流程图如图 2-10-1 所示。

下面根据前面制定的诊断流程，完成故障案例——仪表未显示电池电量信息的高压供电不正常故障的检测、诊断与修复。

第一步，确认故障现象。根据用户描述的故障现象，结合组合仪表的故障提示，确认为故障现象为，READY 指示灯没有点亮，车辆无法行驶，蓄电池充电警告灯点亮，动力电池故障指示灯点亮，仪表上没有显示蓄电池的剩余电量，等待 4 min 后，系统故障警告灯点亮。

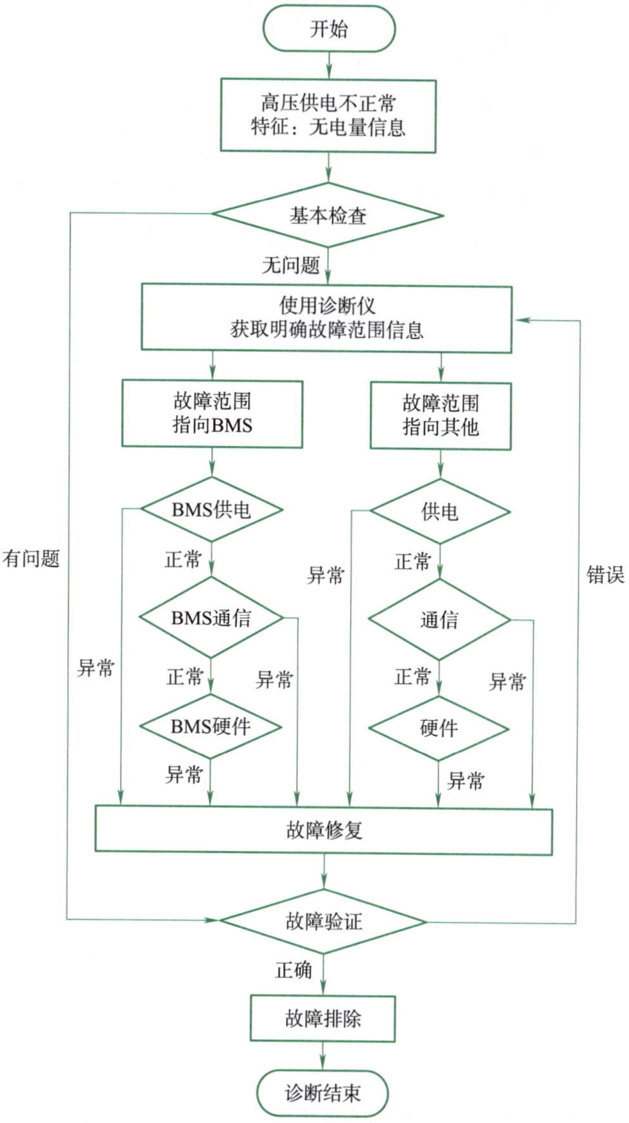

图 2-10-1　故障诊断流程图

第二步，连接故障诊断仪。关闭点火开关，将故障诊断仪与车辆诊断口连接。OBD 诊断口与解码器连接方式如图 2-3-2 所示。

第三步，启动车辆，使用故障诊断仪进入相关系统模块读取故障代码和相关数据流，填写表 2-10-1。发现故障诊断仪不能进入动力电池管理系统（BMS）模块。BMS 系统模块无法进入，切换 VCU 系统模块能进入，读取故障代码和相关数据流，读取到的故障代码为 U017187，与 BMS 通信丢失。读取剩余电量为 0，动力电池总电压为 0 V 等相关数据流。通过仪表显示和故障诊断仪所读取的信息，初步判断为动力电池管理系统可能出现故障，故障部位可能是动力电池管理系统的供电和通信，按照由简至难的故障诊断思路，可先对电池管理系统的供电进行检查。

学习笔记

表 2-10-1　故障代码与相关数据流

序号	系统模块	能否进入	故障代码	主要数据流
1	BMS	不能		
2	VCU	能	U017187,与 BMS 通信丢失	

第四步,确定故障范围。根据故障诊断仪的相关故障代码和数据流,结合吉利帝豪 EV300 的动力电池管理系统(BMS)电路图(见图 2-10-2),初步判断为 BMS 通信可能出现故障,故障部位可能是动力电池管理系统的 P-CAN 总线。按照由简至难的故障诊断思路,可以先对动力电池的供电进行检查,首先查找动力电池管理系统(BMS)电路图,然后查找总线通信系统(CAN 通信网络)电路图(见图 2-7-3),最后确定故障点为供电故障或通信故障。

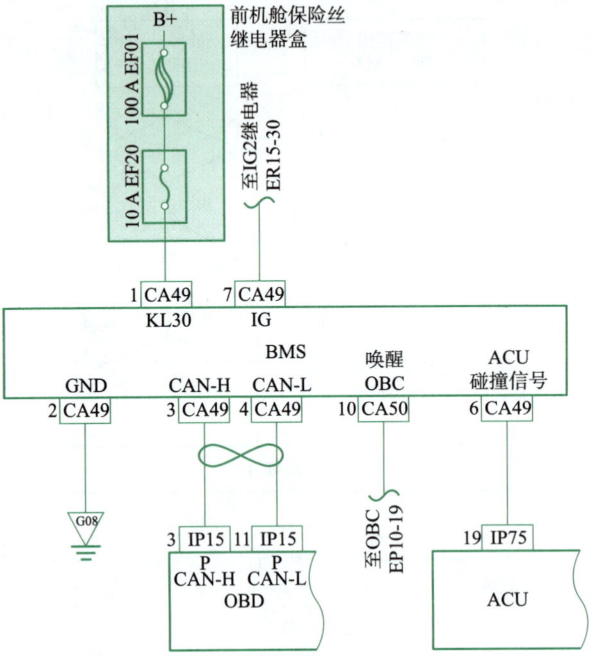

图 2-10-2　动力电池管理系统(BMS)电路图

第五步,故障范围检测与测量。断开蓄电池负极,等待 5 min,进行基本检查,对插接器外观及连接情况进行检查,检查插接器外观及连接是否正常,测量记录。故障诊断测量值见表 2-10-2。

表 2-10-2　故障诊断测量值

步骤	端子号	测量条件	测量端子号图示	测量值	正常值	结论
1	BMS 的 KL30 电压 CA49/1→CA49/2	ON 挡	CA49 端子 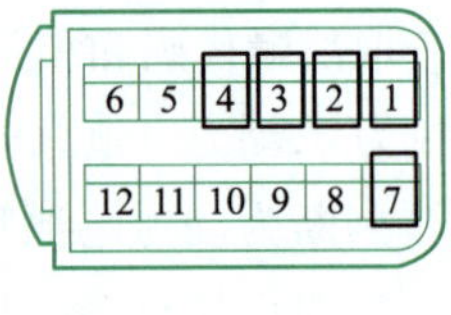	12.34 V	11～14 V	正常
2	BMS 的 IG 电压 CA49/7→CA49/2	ON 挡		12.34 V	11～14 V	正常
3	P-CAN 终端电阻 CA49/3→CA49/4	OFF 挡		51.2 kΩ	60 Ω 左右	异常
4	线路对地电阻 CA49/3、4→GND	OFF 挡		∞	∞	正常

续表

步骤	端子号	测量条件	测量端子号图示	测量值	正常值	结论
5	线路电阻 CA49/3→CA57/1	OFF 挡	CA49 端子 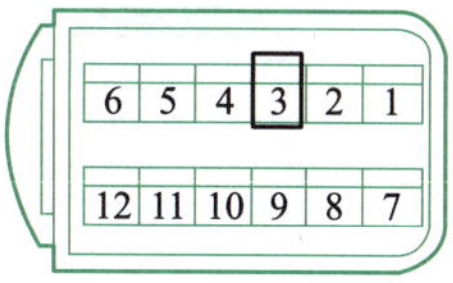 CA57 端子 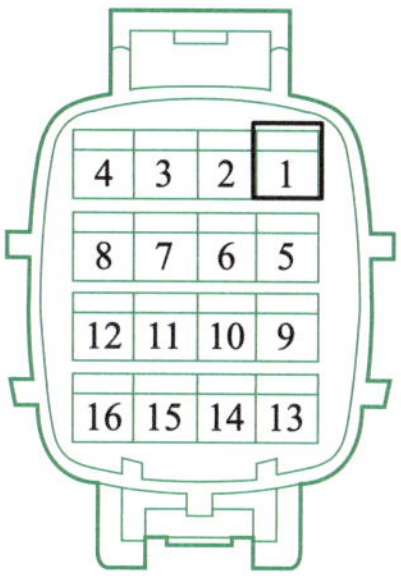	0.8 Ω	小于 1 Ω	正常
6	线路电阻 CA49/4→CA57/2	OFF 挡	CA49 端子 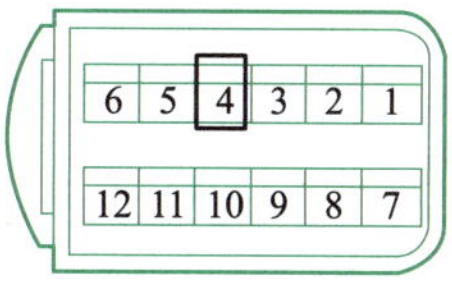 CA57 端子 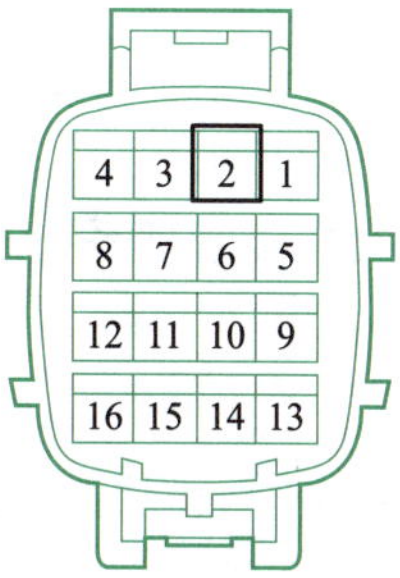	52.7 kΩ	小于 1 Ω	异常

第六步，故障点确认。经检查发现连接器 CA49 的端子 4 至连接器 CA57 的端子 2 之间公共铰接点线路断路。

第七步，故障排除及验证。按维修手册的要求修复故障线束，车辆上电，使用故障诊断仪对帝豪 EV300 进行故障代码和数据流的读取，动力电池管理系统显示无故障代码，确认故障已排除。

学习笔记

实训十　学生任务单

实训名称		实训场地		实训时间	
实训内容					

一、知识准备

新能源汽车的高压供电主要由__________、电池管理系统__________、电池冷却系统及__________辅助电源等组成。

电池管理系统__________是新能源汽车必备的系统，它承担着动力电池组的__________，与__________控制系统、__________系统共同构成电动汽车的三大核心技术。BMS通过检测动力电池组中各__________的状态来确定整个电池系统的状态，并根据它们的状态对电池管理系统进行对应的__________和策略实施，实现对电池管理系统及各单体的__________管理以保证电池管理系统__________地运行。

二、实训计划

请根据实训目的，确定实训过程中所需要的工具、设备、检测仪器及防护用具等。并对小组成员进行合理的分工，制订详细的实训计划。

1. 将实训过程中所需要的工具、设备、检测仪器及防护用具填入表2-10-3中。

表2-10-3　实训设备或工具

序号	名称	型号与规格	单位	数量	备注

学习笔记

2. 小组成员分工(全班学生以6人为一个小组,各组选出组长并进行任务分工,将小组成员及分工情况填入表2-10-4中)。

表2-10-4 小组成员及任务分工

小组成员	姓名	任务分工
组长		
组员		

三、实训总结

对本次实训进行总结,并将操作过程中遇到的问题及相应解决方案填入表2-10-5中。

表2-10-5 实训总结

序号	操作内容	遇到的问题及相应解决方案

四、实训综合评价

实训考核评价表见表2-10-6。

表2-10-6 实训考核评价表

项目名称	评价内容	分值	评价分数		
			自评	互评	师评
职业素养考核	无迟到、无早退、无旷课	8分			
	仪容仪表符合规范要求	8分			
	具备良好的安全意识与责任意识	10分			
	具备良好的团队合作与交流能力	8分			
	具备较强的纪律执行能力	8分			
	保持良好的作业现场卫生	8分			
专业能力考核	积极参加教学活动,按时完成任务单	16分			
	操作规范,符合作业规程	16分			
	操作熟练,工作效率高	18分			
合计		100分			
总评	自评(20%)+互评(20%)+师评(60%)		指导教师:		

学习笔记

五、课后练习

填空题

以仪表未显示____________信息为特征的高压供电不正常故障，一般不能正常显示____________等参数，这类故障主要由____________系统 BMS 故障、____________VCU 故障、____________自身故障等导致。

动力电池的各种参数信息都是由____________收集和处理，然后通过动力____________总线的 P-CAN 总线传送给整车控制器 VCU，再由整车控制器 VCU 通过____________CAN 总线 B-CAN 总线传递给____________，由组合仪表盘显示出来。

电池管理系统 BMS 的故障主要包含电池管理系统 BMS____________、通信故障、自身损坏以及相关____________故障。

学习笔记

实训十一　高压绝缘破损引起高压断开故障

一、实训目的

1. 能清晰描述新能源汽车高压绝缘检测原理。
2. 能根据绝缘检测原理制定绝缘故障的检修方法。

二、实训内容

1. 掌握新能源汽车高压绝缘检测的工作原理、诊断方法并制定诊断流程。
2. 根据制定的诊断流程对高压绝缘引起高压断开故障进行诊断与排除。

三、实训设备

实训整车、万用表、解码器、维修手册及电路图、放电笔。

四、实训步骤

吉利帝豪 EV450 电动汽车发生高压紧急断开故障时，经与用户进行沟通，发现故障是上电后出现的，说明车辆检测到在高压上电后存在安全隐患，于是控制车辆紧急下电。因此故障诊断流程应该从高压绝缘检测部分进行故障分析。根据用户描述现场进行故障再现，使用解码器检查故障代码与数据流，分析判断故障位置，通过分析判断制定故障维修流程，进行故障检测。具体的故障诊断流程图，如图 2-11-1 所示。

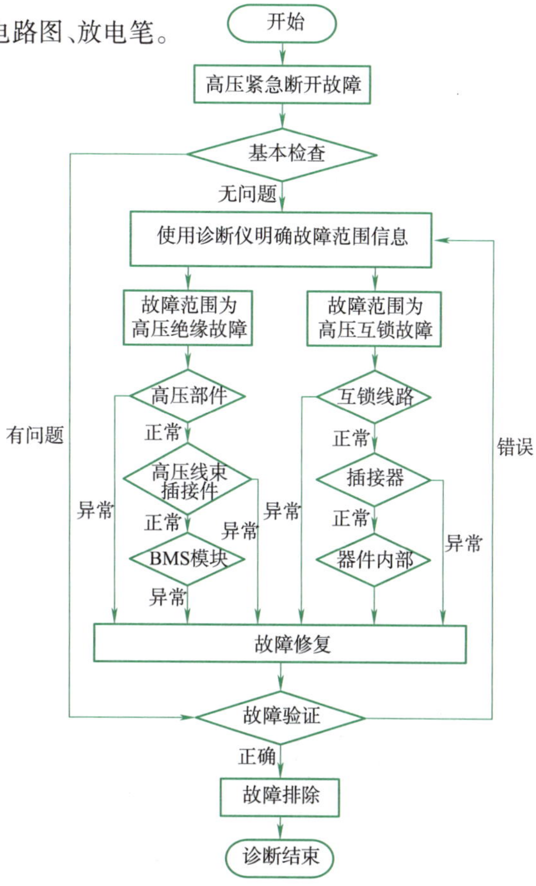

图 2-11-1　故障诊断流程图

下面根据前面分析的诊断流程，完成故障案例——高压紧急断开故障的检测、诊断与修复。

第一步，确认故障现象。根据用户描述的故障现象，将点火开关从 ACC 挡调至 ST 挡，高压启动正常，READY 指示灯点亮；但过了几秒后，仪表 READY 指示灯熄灭，动力电池断开故障指示灯点亮，动力系统故障指示灯点亮，车辆无法启动。

第二步，连接故障诊断仪。关闭点火开关，将故障诊断仪与车辆诊断口连接。OBD 诊断口与解码器连接方式如图 2-3-2 所示。

第三步，启动车辆，使用故障诊断仪进入相关系统模块读取故障代码和相关数据流，进入整车控制器 VCU 模块，读取故障代码为 P1C2704（BMS 报动力电池放电 3 级故障）、P1C7004

学习笔记

（BMS 检测外部绝缘故障报警），故障诊断仪读取的故障代码与相关数据流见表 2-11-1。

表 2-11-1　故障代码与相关数据流

序号	系统模块	能否进入	故障代码
1	VCU	能	P1C2704（BMS 报动力电池放电 3 级故障） P1C7004（BMS 检测外部绝缘故障报警）

第四步，确定故障范围。VCU 输出 P1C2704，BMS 报动力电池放电系统故障 3 级，说明 VCU 接收到来自 BMS 的信号，动力电池存在严重故障，为防止发生严重事故，3 级故障需要立即断开动力电池高压输出。P1C7004，BMS 检测外部绝缘故障报警，说明 BMS 检测到高压系统中的外部电路，也就是除了动力电池之外的高压线束和高压模块在动力电池输出之后存在漏电现象，导致系统因为绝缘故障紧急下电。通过仪表显示和故障诊断仪所读取的信息，结合故障诊断电路图（见图 2-11-2），初步判断故障点为动力电池之外的高压线束与高压模块。

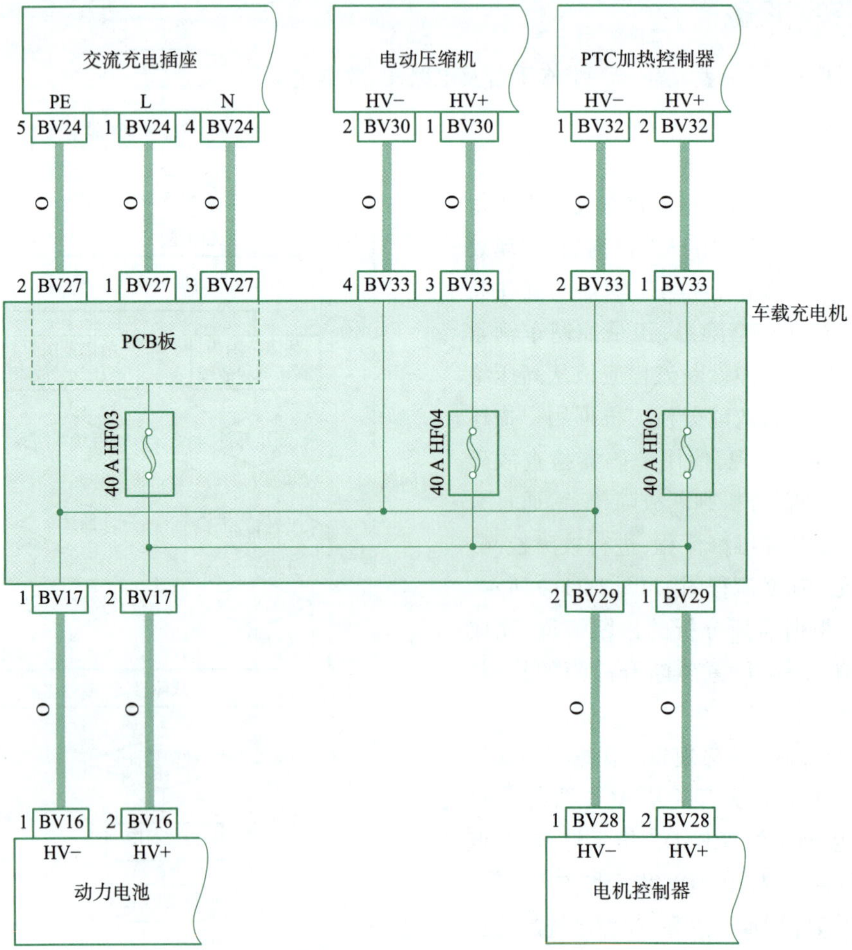

图 2-11-2　故障诊断电路图

第五步，线路检测与测量。由于需要开放高压系统进行系统绝缘性能测试，所以要将点火开关置于 OFF 挡，断开蓄电池负极，对蓄电池负极进行绝缘处理（负极电瓶线及极柱包裹绝缘胶）。保证不会出现车辆意外通电的情况，确保维修过程的安全。故障诊断测量值见表 2-11-2。

表 2-11-2 故障诊断测量值

步骤	端子号	测量条件	测量端子号图示	测量值	正常值	结论
1	高压验电 BV17/1→BV17/2	OFF 挡	BV17 端子 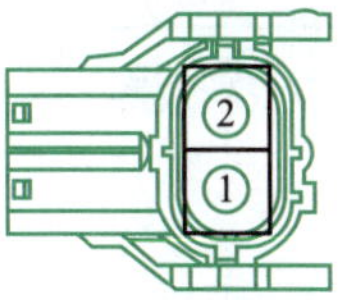	0.36 V	小于 5 V	正常
2	对地绝缘电阻 BV17/1→GNE	绝缘测试仪 1 000 V 挡	BV17 端子 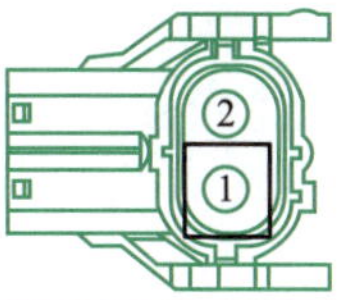	202.3 MΩ	大于 20 MΩ	正常
3	对地绝缘电阻 BV17/2→GNE	绝缘测试仪 1 000 V 挡	BV17 端子 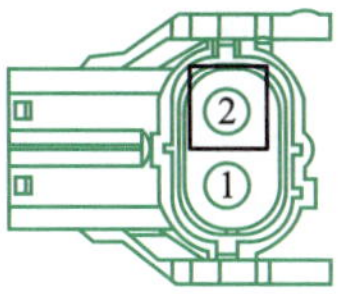	202.3 MΩ	大于 20 MΩ	正常
4	对地绝缘电阻 BV29/1→GNE	绝缘测试仪 1 000 V 挡	BV29 端子 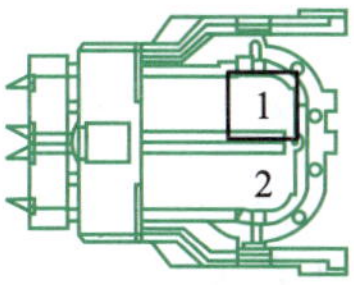	0 MΩ	大于 20 MΩ	异常
5	对地绝缘电阻 BV29/2→GND	绝缘测试仪 1 000 V 挡	BV29 端子 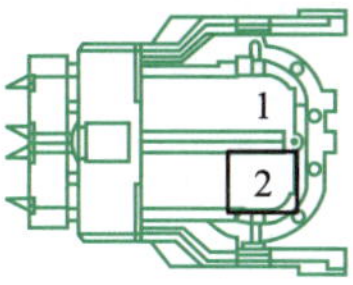	0 MΩ	大于 20 MΩ	异常
6	对屏蔽层绝缘电阻 BV29/1→屏蔽层	绝缘测试仪 1 000 V 挡	BV29 端子 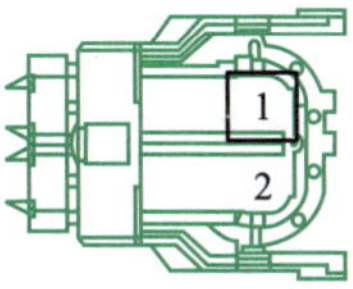	903 MΩ	大于 20 MΩ	正常
7	对屏蔽层绝缘电阻 BV29/2→屏蔽层	断开 BV28 绝缘测试仪 1 000 V 挡	BV29 端子 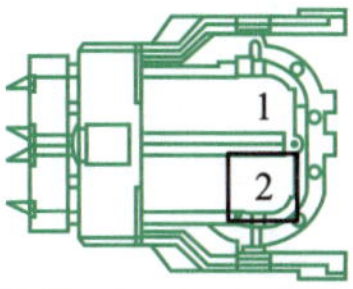	0 MΩ	大于 20 MΩ	异常

第六步,故障点确认。测量结果表明,电机控制器高压负极线束对屏蔽层绝缘存在短路现象。

第七步,故障排除及验证。按维修手册的要求更换电机控制器高压线束总成,重新启动,高压供电正常,READY 灯点亮,使用故障诊断仪对帝豪 EV450 进行故障代码与数据流的读取,故障代码消失,确认故障已排除。

学习笔记

实训十一　学生任务单

实训名称		实训场地		实训时间	
实训内容					

一、知识准备

绝缘电阻是电气设备和电气线路最基本的绝缘指标，主要用来考察电气设备__________是否良好。在规定的温度、湿度和压力条件下，对绝缘部分施加规定的电压，测量出来的电阻值即为__________。该电阻值的高低直接关系到设备的安全性，或者设备使用者的__________，绝缘电阻的降低会增加驾乘人员__________的可能性。

新能源汽车对__________绝缘的要求。新能源汽车由动力电池提供电量给电动机，进而驱动车辆行驶。动力电池输出电压大部分在 DC __________之间，甚至更高，已远远超过了__________电压。因此，国家要求绝缘电阻值的__________要求。在最大工作电压下，直流电路绝缘电阻的最小值应至少大于__________，交流电路应至少大于__________。

二、实训计划

请根据实训目的，确定实训过程中所需要的工具、设备、检测仪器及防护用具等。并对小组成员进行合理的分工，制订详细的实训计划。

1. 将实训过程中所需要的工具、设备、检测仪器及防护用具填入表 2-11-3 中。

表 2-11-3　实训设备或工具

序号	名称	型号与规格	单位	数量	备注

2. 小组成员分工（全班学生以 6 人为一个小组，各组选出组长并进行任务分工，将小组成员及分工情况填入表 2-11-4 中）。

学习笔记

表 2-11-4　小组成员及任务分工

小组成员	姓名	任务分工
组长		
组员		

三、实训总结

对本次实训进行总结,并将操作过程中遇到的问题及相应解决方案填入表 2-11-5 中。

表 2-11-5　实训总结

序号	操作内容	遇到的问题及相应解决方案

四、实训综合评价

实训考核评价表见表 2-11-6。

表 2-11-6　实训考核评价表

项目名称	评价内容	分值	评价分数		
			自评	互评	师评
职业素养考核	无迟到、无早退、无旷课	8 分			
	仪容仪表符合规范要求	8 分			
	具备良好的安全意识与责任意识	10 分			
	具备良好的团队合作与交流能力	8 分			
	具备较强的纪律执行能力	8 分			
	保持良好的作业现场卫生	8 分			
专业能力考核	积极参加教学活动,按时完成任务单	16 分			
	操作规范,符合作业规程	16 分			
	操作熟练,工作效率高	18 分			
合计		100 分			
总评	自评(20%)+互评(20%)+师评(60%)		指导教师:		

学习笔记

五、课后练习

填空题

高压上电后＿＿＿＿＿＿，说明车辆检测到在高压上电后存在＿＿＿＿＿＿，于是控制车辆紧急下电。根据高压上电控制原理，可以分析出高压下电主要由高压＿＿＿＿＿＿故障或高压＿＿＿＿＿＿故障这两个原因引起。

绝缘电阻是新能源汽车高压设备最重要的绝缘指标，当＿＿＿＿＿＿异常时，会造成严重的＿＿＿＿＿＿。为了防止安全事故的发生，当各高压线束及部件的绝缘阻值超过规定时，整车会＿＿＿＿＿＿上电，也会禁止＿＿＿＿＿＿。当车辆出现高压断开故障时，首先应检查是否存在＿＿＿＿＿＿。

高压绝缘故障的主要原因是＿＿＿＿＿＿、高压线束及＿＿＿＿＿＿出现了绝缘电阻＿＿＿＿＿＿的情况或者＿＿＿＿＿＿检测系统出了故障。

第三部分

新能源汽车驱动电机及控制技术实训指导

- **项目一　新能源汽车安全操作**
- **项目二　驱动电机系统保养与检修**
- **项目三　驱动电机控制器检测与故障排除**
- **项目四　驱动电机减速机构保养与检修**
- **项目五　驱动电机冷却系统保养与检修**

项目一

新能源汽车安全操作

学习笔记

实训一 新能源汽车实训安全与作业准备

一、实训目的

1. 能够正确检查与穿戴个人高压安全防护用品。

2. 在拆装新能源汽车高压系统部件时，能够进行正确的安全防护。

3. 能够安全使用举升机与其他设备包括灭火器等。

4. 树立高压安全防护意识，养成良好的安全作业习惯，严格执行 6S 现场管理，提升团结协作精神。

二、实训内容

1. 检查个人高压安全防护用品是否齐全且能正确穿戴。

2. 能够进行车辆安全防护，安全正确地使用举升机及其他设备。

3. 正确使用绝缘测试仪与数字电流钳，并进行 6S 现场管理。

4. 识别诊断仪组件，并使用诊断仪读取车辆故障代码。

5. 使用诊断仪读取传感器与执行器动态数据及动作测试。

三、实训设备

吉利 EV450、举升机、千斤顶、灭火器、绝缘测试仪、道通诊断仪、绝缘手套、安全帽、护目镜、绝缘鞋、车外三件套（翼子板布、格栅布）、车内四件套（方向盘、座椅、脚垫、换挡杆）、高压警示牌、绝缘垫、隔离带、绝缘工具套装等。

四、实训步骤

1. 个人高压安全防护

个人高压安全防护用品包括：绝缘手套、安全帽、护目镜、绝缘鞋、耐磨手套。在进行正式实训操作前，必须对个人高压安全防护用品进行相应的检查，如有破损则不能使用应更换新的防护用品，谨记新品同样需要相应的检查。

①绝缘手套。

绝缘手套是个人高压安全防护用品中绝缘防护的重要组成部分。绝缘手套在使用前必须进行充气检查验证是否漏气，且需要验证绝缘等级是否达到作业要求，如发现有任何破损或沾染水渍则不能使用。作业时，应将衣袖口套入绝缘手套筒口内，以防发生意外。使用后，应将内外污物擦洗干净，待干燥后撒上滑石粉放置平整，以防受压受损，切勿放于地上。

②安全帽。

安全帽是防止冲击物伤害头部的防护用品。安全帽具有绝缘性，需要验证绝缘电压是否符合作业要求，在使用前需要检查帽壳是否有破损、裂痕、水渍，下颏带是否牢固，后箍缩放调节是否正常，在进行高压作业以及车下作业时必须佩戴牢固。

③护目镜。

护目镜是安全防护用品中眼部面部防护用具的一种，眼面防护用具都应具有防高速粒子冲击和撞击的功能，护目镜在使用前需要检查是否破损、有裂痕，镜面不能有刮痕而影响视线。

④绝缘鞋。

拆装新能源汽车高压系统部件时，不仅要戴绝缘手套，还要穿绝缘鞋。绝缘鞋在使用前需要检查鞋底是否破损、裂痕，鞋身是否沾染水渍。

2. 车辆安全防护

车辆安全防护用品包括：高压警示牌、隔离带、辅助安全用品、绝缘垫、绝缘工具。

①高压警示牌。

在维修新能源汽车时必须把高压警示牌摆放到高压危险区域的明显处。前机舱、高压部件等裸露、可触碰到的高压部件都需放置。

②隔离带。

使用隔离带把维修车辆围起来，防止闲杂人等入内发生危险。车辆周围四面连接，不留缺口，隔离带应包围整个工位，且内部有充足的操作区域。

③绝缘垫。

绝缘垫铺设在车辆下方，不仅要隔离车轮与地面，还应覆盖车身周围足够的操作区域。

④绝缘工具套装。

在对新能源汽车高压部件进行拆装维修时，会存在触碰高压电路的风险，所以应该使用专用的绝缘工具进行作业。

3. 举升机的类型

识别表 3-1-1 中所列举升机的类型，并在表中填出不同类型的举升机名称。

表 3-1-1　不同类型的举升机

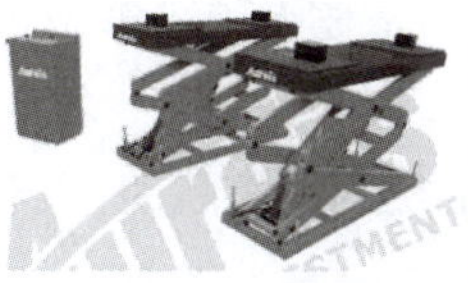		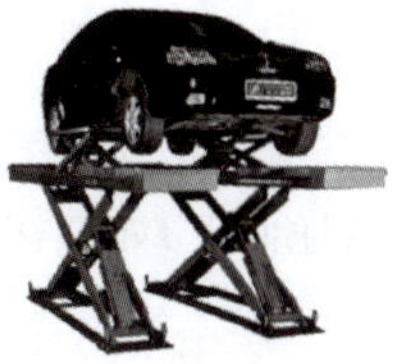	

学习笔记

本次实训操作使用的举升机的类型为：____。

4. 举升机的使用方法

①将车辆开到举升机指定位置，并确保车辆停稳。

②将车辆四个轮胎处调整至与举升机对应位置，并将锁止装置固定好。

③按下举升机上升按钮，使车辆离开地面一定高度。注意不要将车辆抬得过高，以避免损坏车辆或举升机。

④在进行维修或保养工作前，确保将举升机保险装置插入电器开关中，以防止意外操作导致下降。

⑤工作完成后，按下下降按钮，将车辆缓慢放下至地面。注意观察车辆是否平稳落地，避免突然下落造成意外伤害。

⑥关闭举升机电源，并清洁整理周围环境。

5. 使用举升机的注意事项

①使用前清除举升机附近妨碍作业的器具与杂物，检查操作手柄是否正常。

②举升机的四个支角应在同一平面上，调整支角胶垫高度使其接触车辆底盘支撑部位。

③举升时人员应离开车辆，举升到需要高度时，必须插入保险锁销，并确保安全可靠才可开始车底作业。

6. 千斤顶的使用方法

（1）安全准备

①对于手动变速器车辆，需要拉下手刹，并将变速箱挂入一挡或倒挡。对于自动挡车辆，需要拉下手刹并将变速箱挂入 P 挡。

②在发动机运行时，不能使用千斤顶顶起车辆，因为发动机运行时会产生振动，导致车轮转动，这样可能会使车辆从千斤顶上滑落，造成危险。

（2）操作步骤

①首先检查千斤顶是否正常，各部件是否灵活，并加注润滑油。正确估计重物的重量，选用适当吨位的千斤顶，切忌超载使用。

②将千斤顶放在车下进行举升操作。当千斤顶顶部与底盘接触时，需要检查其是否支撑到位。确认固定后继续上提，用配套扳手与套管联动后再旋转。

③调整摇杆上的撑牙方法。先用手直接按顺时针方向转动摇杆，使升降套筒快速上升顶住重物。将手柄插入摇杆孔内，上下往返搬动手柄，重物随之上升。当升降套筒上出现红色警戒线时应该立即停止搬动手柄。如需下降时则将撑牙调至反方向，重物便开始下降。

7. 使用千斤顶的注意事项

①使用千斤顶时，要弄清楚其额定的承载能力，千斤顶的顶举能力一定要大于或等于重物的重量。

②千斤顶应放置在坚实的地面上，如果在松软的地面上工作，应垫上枕木等物品，以防千斤顶下沉或歪斜。

③启动千斤顶时要匀速上升，下降时要缓慢，避免突然下降造成危险。

学习笔记

8. 绝缘测试仪的使用方法

①需要检查绝缘测试仪电池电量是否充足，如不足，应更换电池。

②检查绝缘测试仪测试笔导线是否有破损，如有破损，应修复。

③操作绝缘测试仪挡位开关，检查是否灵活。

④在进行绝缘电阻值测试时，应确保测试条件符合安全标准，先断开高压系统，拆除所有连接至被测试设备的电源线，即断开动力电池维修开关与低压蓄电池负极线，然后等待高压系统放电完毕。这是为了确保测试的安全性与准确性。

⑤在进行绝缘电阻检测时，将测试探头插入 V 和 COM（公共）输入端子。

⑥测量吉利帝豪 EV450 高压系统绝缘阻值时，绝缘测试仪挡位应该选择 1 000 V 挡位来测试各高压部件高压输入输出接口中高压正负极端子对车身地的绝缘电阻。这样的测试能够确保高压系统的安全性能，避免电磁干扰，保障车辆的正常运行与乘客的安全。

⑦按下测试仪或测试笔上的 TEST 按钮，测试开始，测试仪上会显示一个有效的绝缘电阻读数。需要将此读数（测量结果）记录下来，并对测试数据进行分析，判断设备是否存在绝缘故障。

9. 诊断仪的使用方法

诊断仪，又称解码器。它的功能主要有故障代码读取、删除；执行元件诊断；读取数据块或数据流；控制单元编码；基本设定；自适应匹配；控制单元升级等。

使用诊断仪进行故障诊断的步骤主要包括前期准备、连接诊断仪、启动诊断仪、选择诊断功能、进行故障诊断、分析结果、解决问题和完成诊断。

①前期准备：确保诊断仪的电池电量充足或已连接电源适配器，准备好与车辆或设备的接口线缆，并确保线缆无损坏，确认更新了适配的诊断软件。

②连接诊断仪：将诊断仪通过接口线缆与需要进行诊断的车辆或设备进行连接，确保连接牢固，避免松动或脱落。

③启动诊断仪：按下诊断仪的电源按钮或转动开关，等待诊断仪完全启动并显示主界面。

④选择诊断功能：根据具体的诊断需求，在诊断仪的主界面上选择适当的诊断功能，如故障代码读取、实时数据流监测、组件激活测试等。

⑤进行故障诊断：根据选择的诊断功能，按照诊断仪的指引与提示逐步进行故障诊断。

⑥分析结果：在故障诊断完成后，诊断仪会生成相应的诊断结果，包括故障代码、实时数据、图表与报告等。根据结果进行分析，确定故障的原因与位置。

⑦解决问题：根据分析得到的故障原因与位置，采取相应的措施解决问题，如修复故障部件、更换零件或进行其他维修措施。

⑧完成诊断：在问题解决后，重新进行诊断确认，确保故障得到彻底解决。

学习笔记

实训一　学生任务单

实训名称		实训场地		实训时间	
实训内容					

一、知识准备

“6S”是指__________、__________、__________、__________、__________、__________等6个单词组成，其日文的罗马拼音均为S，因此简称“6S”。

举升机出现声音异常、外部漏油或__________现象时，请立即停止使用；工具与测量仪器有特殊的使用方法，只有使用得当才能保证__________与准确。

高压防护用具主要包括__________、__________、__________、__________、__________和__________等。

__________可以测量电压、绝缘电阻、低电阻等，它具有性能稳定、操作方便等优点。

二、实训计划

请根据实训目的，确定实训过程中所需要的工具、设备、检测仪器及防护用具等。并对小组成员进行合理的分工，制订详细的实训任务计划。

1. 将实训过程中所需要的工具、设备、检测仪器及防护用具填入表3-1-2中。

表3-1-2　实训设备或工具

序号	名称	型号与规格	单位	数量	备注

2. 小组成员分工（全班学生以6人为一个小组，各组选出组长并进行任务分工，将小组成员及分工情况填入表3-1-3中）。

学习笔记

表 3-1-3　小组成员及任务分工

小组成员	姓名	任务分工
组长		
组员		

三、实训总结

对本次实训进行总结，并将操作过程中遇到的问题及相应解决方案填入表 3-1-4 中。

表 3-1-4　实训总结

序号	操作内容	遇到的问题及相应解决方案

四、实训综合评价

实训考核评价表见表 3-1-5。

表 3-1-5　实训考核评价表

项目名称	评价内容	分值	评价分数		
			自评	互评	师评
职业素养考核	无迟到、无早退、无旷课	8 分			
	仪容仪表符合规范要求	8 分			
	具备良好的安全意识与责任意识	10 分			
	具备良好的团队合作与交流能力	8 分			
	具备较强的纪律执行能力	8 分			
	保持良好的作业现场卫生	8 分			
专业能力考核	积极参加教学活动，按时完成任务单	16 分			
	操作规范，符合作业规程	16 分			
	操作熟练，工作效率高	18 分			
合计		100 分			
总评	自评(20%) + 互评(20%) + 师评(60%)		指导教师：		

学习笔记

五、课后练习

填空题

汽车维修企业生产安全管理应从哪些方面入手：安全教育与安全生产责任制、加强生产__________、__________。

车间安全，是指在车间的工作过程中，防止发生__________和财产损失等事故，消除或控制危险及__________，保障人身安全与健康，保障财产免受损失，保障环境免遭破坏。

如果火灾警报响起，__________应当配合扑灭火焰。要做到这一点，他们应知道灭火器放在__________，应如何__________。除非在吸烟区，否则不要抽烟，并且要确认将香烟熄灭在__________里。

匹配：维修技师通过诊断仪输入一个__________，由控制单元进行学习储存。

基本设定：由诊断仪命令某些电控系统对其内部某些元件进行__________的操作。

自适应(初始化)：通过诊断仪对某些系统的数据进行__________、使系统进行某些学习的过程。

在使用诊断仪时，诊断仪所提示的故障代码仅作为系统故障参考，不作为故障排除的__________。

在使用引导性故障查询时，需要注意系统给定的__________。

项目二

驱动电机系统保养与检修

实训二 驱动电机系统维护与保养

学习笔记

一、实训目的

1. 培养学生定期维护检查车辆的习惯。
2. 能够对新能源汽车驱动电机系统进行维护与保养。

二、实训内容

对新能源汽车驱动电机系统进行维护与保养。

三、实训设备

实训整车、绝缘手套、安全帽、护目镜、绝缘鞋、车外三件套(翼子板布、格栅布)、车内四件套(方向盘、座椅、脚垫、换挡杆)、高压警示牌、绝缘垫、隔离带、绝缘工具套装等。

四、实训步骤

1. 驱动电机系统的保养

①新能源汽车保养。

新能源汽车保养是指定期对新能源汽车相关部件进行检查、清洁、补给、润滑、调整或更换某些零件的预防性工作。

②驱动电机系统的保养周期。

驱动电机系统保养类别分为A级保养和B级保养,每隔10 000 km或1年(两者以先到为准)时车辆需进行一次保养。A级保养的保养项目为高压、安全检查,当车辆行驶10 000 km(1年)、30 000 km(3年)、50 000 km(5年)……时进行保养。B级保养的保养项目为全车保养,当累计行驶里程达到20 000 km(2年)、40 000 km(4年)、60 000 km(6年)……时进行保养。具体的保养类别、项目及保养周期见表3-2-1。

学习笔记

表 3-2-1　保养类别、项目及保养周期

保养类别	保养项目	累计行驶里程(行驶时间)(两者以先到为准)					
		10 000 km(1年)	20 000 km(2年)	30 000 km(3年)	40 000 km(4年)	50 000 km(5年)	以此类推
A级保养	高压安全检查	√		√		√	
B级保养	全车保养		√		√		√

③驱动电机系统的保养项目。

驱动电机系统保养的检查内容有安全防护、绝缘、插接件状态、标识、螺栓坚固力矩、驱动电机加热功能检查、外部检查及数据采集,这些都需要在B级保养中进行;其中安全防护、绝缘、插接件状态、螺栓紧固力矩、数据采集是A级保养的内容。具体的检查内容及处理方法见表3-2-2。

表 3-2-2　检查内容及处理方法

系统类别	检查内容	处理方法	A级保养	B级保养
			项目	项目
驱动电机系统	安全防护	检查并视情处理	√	√
	绝缘	检查并视情处理	√	√
	插接件状态	检查并视情处理	√	√
	标识	检查并视情处理		√
	螺栓紧固力矩	检查并视情处理	√	√
	减速器油液检查	检查并视情处理		√
	外观检查	清洁处理		√
	数据采集	分析并视情处理	√	√

2. 驱动电机系统的保养

驱动电机系统的保养流程分为:高压安全防护、断电;检查驱动电机外观、检查驱动电机固定螺栓力矩及线束插头;安装驱动电机定子绕组、旋转变压器、温度传感器等部件;读取驱动电机数据流;整理实训仪器与工具,打扫场地。

①外观检查。

检查驱动电机外壳是否有损伤、变形或腐蚀,查看接线端子是否松动、腐蚀或有过热痕迹。

②清洁工作。

定期清除驱动电机表面的灰尘、油污与杂物,清洗驱动电机外壳与散热器,确保通风口畅通无阻,散热效果良好;检查电缆、接头与插头是否松动或损坏,及时修复或更换。

③电气连接检查。

检查电驱动机与控制器之间的连接线是否牢固,无破损、短路或断路现象,测量驱动电机的绝缘电阻,确保其符合规定值。

④温度检测。

使用红外测温仪测量驱动电机运行时的表面温度,检查是否存在异常高温。

学习笔记

⑤轴承检查。

监听驱动电机运转时的声音，判断轴承是否有异常噪声或振动，如有必要，拆开检查轴承的磨损情况，添加或更换润滑脂。

⑥冷却系统检查。

检查冷却风扇是否正常运转，风道是否畅通，检查冷却液的液位和质量，如有需要，进行补充或更换。

⑦控制器的检查。

检查驱动电机控制器的工作状态是否正常，包括检查电缆、接头和插头是否松动或损坏，若存在异常则及时修复或更换，查看是否有故障代码显示，清洁控制器的散热器，确保良好散热。

3. 驱动电机的维护

①润滑和冷却：检查润滑和冷却系统是否正常，定期更换润滑油和冷却液，并检查油液与液位是否达到标准要求。

②电机传动系统：检查传动系统是否正常，包括减速器、传动轴、万向节等部件是否存在松动或磨损，若存在异常则及时修复或更换。

③故障诊断：在驱动电机出现故障时，需要及时进行故障诊断，找出故障原因并进行修复。定期进行驱动电机性能测试，通过专业设备检测驱动电机的转速、扭矩与功率等性能参数，与标准值进行对比，以确保驱动电机的正常运行。

④使用帆布罩加以防护，以保证绝缘。但在高温天气或长时间连续使用时需取下帆布罩，以防散热受阻导致驱动电机过热烧毁。

⑤对于浸泡水的驱动电机，解体后用热水反复冲洗并用压缩空气吹干，再用烤灯烘烤直至绝缘升至正常。

⑥按保养周期对驱动电机进行螺钉、接线紧固，拆解检查以及清洁保养。

⑦驱动电机投入运行前须确认轴伸出端径向摆动与端盖等紧固情况，检查转子转动是否灵活，绕组引线连接是否正确等。

综上所述，驱动电机的维护与保养涉及多个方面，包括清洁、润滑、冷却系统的检查与维护、控制器与传动系统的检查、故障诊断以及根据具体情况采取的特殊措施，以确保驱动电机能够安全、高效地运行。

学习笔记

实训二　　学生任务单

实训名称		实训场地		实训时间	
实训内容					

一、知识准备

新能源汽车保养是指____________对新能源汽车相关部件进行检查、____________、补给、润滑、调整或____________某些零件的____________工作。

驱动电机系统保养类别分为____________保养和 B 级保养,每隔____________(两者以先到为准)时车辆需进行一次保养。A 级保养的保养项目为高压、____________;B 级保养的保养项目为____________保养。

二、实训计划

请根据实训目的,确定实训过程中所需要的工具、设备、检测仪器及防护用具等。并对小组成员进行合理的分工,制订详细的实训计划。

1. 将实训过程中所需要的工具、设备、检测仪器及防护用具填入表 3-2-3 中。

表 3-2-3　实训设备或工具

序号	名称	型号与规格	单位	数量	备注

2. 小组成员分工(全班学生以 6 人为一个小组,各组选出组长并进行任务分工,将小组成员及分工情况填入表 3-2-4 中)。

学习笔记

表 3-2-4　小组成员及任务分工

小组成员	姓名	任务分工
组长		
组员		

三、实训总结

对本次实训进行总结，并将操作过程中遇到的问题及相应解决方案填入表 3-2-5 中。

表 3-2-5　实训总结

序号	操作内容	遇到的问题及相应解决方案

四、实训综合评价

实训考核评价表见表 3-2-6。

表 3-2-6　实训考核评价表

项目名称	评价内容	分值	评价分数		
			自评	互评	师评
职业素养考核	无迟到、无早退、无旷课	8 分			
	仪容仪表符合规范要求	8 分			
	具备良好的安全意识与责任意识	10 分			
	具备良好的团队合作与交流能力	8 分			
	具备较强的纪律执行能力	8 分			
	保持良好的作业现场卫生	8 分			
专业能力考核	积极参加教学活动，按时完成任务单	16 分			
	操作规范，符合作业规程	16 分			
	操作熟练，工作效率高	18 分			
合计		100 分			
总评	自评(20%) + 互评(20%) + 师评(60%)		指导教师：		

学习笔记

五、课后练习

填空题

驱动电机系统的保养流程分为五大步骤:(1)高压安全____________;(2)检查驱动电机____________、检查驱动电机固定螺栓力矩及____________;(3)安装驱动电机部件;(4)读取驱动电机____________;(5)整理实训场地。

驱动电机系统保养的检查内容有____________、绝缘、插接件状态、标识、螺栓坚固力矩、驱动电机____________检查,外部检查及数据采集,这些都需要在B级保养中进行,其中安全防护、____________、插接件状态、螺栓紧固力矩、____________是A级保养的内容。

学习笔记

实训三　驱动电机的分解与更换

一、实训目的

1. 让学生树立起耐心细致的工作作风。
2. 能够按照标准流程拆装更换驱动电机系统。

二、实训内容

1. 了解驱动电机系统安装位置。
2. 掌握驱动电机系统拆卸流程。
3. 掌握驱动电机系统组成部件。

三、实训设备

实训台架、绝缘手套、耐磨手套、安全帽、护目镜、绝缘鞋、高压警示牌、绝缘垫、隔离带、绝缘工具套装等。

四、实训步骤

1. 拆卸驱动电机总成

(1)断电

①注意事项：穿戴高压安全防护装备。

②关闭启动开关，拆卸前机舱盖板固定螺栓，并将前机舱盖板取下，拆卸蓄电池负极和正极桩头，并将蓄电池正、负极桩头固定好。

(2)拆卸电机控制器附件

拆卸驱动电机控制器插接件，拆卸后备箱中维修盖板固定螺栓，取下维修盖板，然后拆卸驱动电机控制器风扇连接插头、控制器总成连接插头。

(3)拆卸动力总成

①拆卸驱动电机下护板固定螺钉，将驱动电机下护板取下，使用工具拆卸减速器放油螺栓，将减速器润滑油放出，并将放油螺栓紧固至标准力矩。

②拆卸驱动电机控制器高压线束动力电池端插头，使用放电计释放高压残余电量，并使用万用表测量残余电量电压，确保电压小于 36 V 时才能进行后续操作。

③拆卸后悬架组件上的线束卡子，使用套筒拆卸后悬架组件固定螺栓并将其取下。

④拆卸驱动电机控制器高压线束固定螺栓。

⑤拆卸电动压缩机低压连接插头和高压连接插头，使用套筒拆卸电动压缩机固定螺栓，移开电动压缩机并将其固定好。

⑥拆卸电动真空泵插头，使用套筒拆卸电动真空泵固定螺栓，并将其固定好。

⑦使用套筒拆卸前悬置固定螺栓、后悬置固定螺栓和右悬置固定螺栓。

⑧慢慢地将动力总成降落至合适位置，将左、右半轴慢慢撬出，然后将动力总成慢慢落

学习笔记

下，并将其移至工作台。

(4)拆卸减速器

①使用套头拆卸驱动电机线束盖板固定螺栓，并将其取下。

②使用套筒拆卸 U、V、W 相线固定螺栓，并使用扳手拆卸 U、V、W 相线固定螺母。

③使用套筒拆卸驱动电机控制器固定螺栓，并将驱动电机控制器取下。

④使用套筒拆卸一体化支架固定螺栓，取下一体化支架。

⑤使用套筒拆卸减速器与驱动电机间的固定螺栓，并将驱动电机与减速器分开。

2. 拆卸驱动电机接线柱

①使用 13 mm 套筒、棘轮扳手拆卸驱动电机三相电缆固定螺母。

②从接线柱上取下三相电缆接头。

③使用 19 mm 开口扳手拆卸三相导线定位螺栓。

④使用 5 mm 六角扳手拆卸三相导线接线柱固定螺栓，取下三相导线接线柱。

⑤使用 4 mm 六角扳手拆卸三相导线接线柱支架固定螺栓，取下支架及密封圈。

3. 拆卸驱动电机转速传感器

①使用十字螺丝刀拆卸电动机位置传感器防尘罩固定螺栓，取下防尘罩。

②使用十字螺丝刀拆卸电动机位置传感器固定螺栓，取出电动机位置传感器及密封圈。

③使用十字螺丝刀拆卸信号盘固定螺栓，取下螺栓与垫片。

④使用记号笔在信号盘上做好安装标记，取下信号盘。

4. 拆卸驱动电机前端盖

①使用 5 mm 六角套筒、棘轮扳手按照对角线顺序拆卸电动机前端盖固定螺栓。

②使用记号笔标注前端盖安装位置。

③使用橡胶锤轻击驱动电机前端盖至其松动后取下电动机前端盖，取出弹性垫片。

5. 拆卸驱动电机后端盖及转子

①抽出驱动电机转子轴。

②使用记号笔标注后端盖安装位置。

③使用橡胶锤轻击电动机后端盖至其松动后取下电动机后端盖。

6. 安装驱动电机

(1)安装驱动电机后端盖及转子轴

①安装驱动电机后端盖，校对安装标记，使用橡胶锤轻击后端盖端面使其置于正确位置。

②放入驱动电机转子轴。

(2)安装驱动电机前端盖

①放入弹性垫片，安装驱动电机前端盖，并校对安装位置，使用橡胶锤轻击前端盖端面使其置于正确位置。

②使用 5 mm 六角套筒、棘轮扳手安装驱动电机前端盖固定螺栓，并使用定扭扳手按照对角线顺序紧固至 25 N · m。

(3)安装驱动电机转速传感器

①安装信号盘并校对安装位置。

学习笔记

②安装信号盘固定螺栓与垫片，使用十字螺丝刀安装信号盘固定螺栓。

③安装电动机位置传感器及密封圈。

④使用十字螺丝刀安装驱动电机位置传感器固定螺栓。

⑤安装防尘罩，使用十字螺丝刀安装驱动电机位置传感器防尘罩固定螺栓。

7. 安装驱动电机接线柱

①安装三相导线接线柱支架及密封圈，使用4 mm六角扳手安装支架固定螺栓。

②安装驱动电机三相导线接线柱，使用5 mm六角扳手安装三相导线接线柱固定螺栓。

③使用19 mm开口扳手安装三相导线定位螺栓。

④安装三相电缆接头至接线柱上。

⑤使用13 mm套筒、棘轮扳手安装驱动电机三相电缆固定螺母。

学习笔记

实训三 学生任务单

实训名称		实训场地		实训时间	
实训内容					

一、知识准备

驱动电机作为____________系统的核心部件之一，是新能源汽车的____________，能产生驱动力带动车辆行驶。

新能源汽车驱动电机的位置不是____________，根据电机驱动系统结构形式不同，驱动电机位于汽车的____________。

应用于新能源汽车的驱动电机主要包括____________、交流电机和开关磁阻电机三类，其中在目前乘用车、商用车领域应用较为广泛的电机包括直流（无刷）电机、____________（感应）电机、____________电机、开关磁阻电机。

二、实训计划

请根据实训目的，确定实训过程中所需要的工具、设备、检测仪器及防护用具等。并对小组成员进行合理的分工，制订详细的实训计划。

1. 将实训过程中所需要的工具、设备、检测仪器及防护用具填入表3-3-1中。

表3-3-1 实训设备或工具

序号	名称	型号与规格	单位	数量	备注

2. 小组成员分工（全班学生以6人为一个小组，各组选出组长并进行任务分工，将小组成员及分工情况填入表3-3-2中）。

学习笔记

表 3-3-2　小组成员及任务分工

小组成员	姓名	任务分工
组长		
组员		

三、实训总结

对本次实训进行总结，并将操作过程中遇到的问题及相应解决方案填入表 3-3-3 中。

表 3-3-3　实训总结

序号	操作内容	遇到的问题及相应解决方案

四、实训综合评价

实训考核评价表见表 3-3-4。

表 3-3-4　实训考核评价表

项目名称	评价内容	分值	评价分数		
			自评	互评	师评
职业素养考核	无迟到、无早退、无旷课	8 分			
	仪容仪表符合规范要求	8 分			
	具备良好的安全意识与责任意识	10 分			
	具备良好的团队合作与交流能力	8 分			
	具备较强的纪律执行能力	8 分			
	保持良好的作业现场卫生	8 分			
专业能力考核	积极参加教学活动，按时完成任务单	16 分			
	操作规范，符合作业规程	16 分			
	操作熟练，工作效率高	18 分			
合计		100 分			
总评	自评(20%)＋互评(20%)＋师评(60%)		指导教师：		

学习笔记

五、课后练习

选择题

1. 长城汽车的新能源汽车产品哈弗 M3 采用的是(　　)。

A. 直流电机　　B. 交流感应电机

C. 永磁同步电机　　D. 开关磁阻电机

2. 在当今时代,应用于新能源汽车的驱动电机,常用的主要有(　　)。

A. 直流电机　　B. 交流感应电机

C. 永磁同步电机　　D. 开关磁阻电机

3. 新能源汽车用驱动电机应具有宽广的调速范围,包括(　　)。

A. 恒转矩区　　B. 恒电流区　　C. 恒功率区　　D. 恒电压区

4. 交流感应电机主要优点是(　　)。

A. 价格较低　　B. 性能可靠　　C. 节省电量　　D. 起动转矩小

学习笔记

实训四　驱动电机系统故障诊断

一、实训目的

1. 掌握新能源汽车驱动电机转速传感器旋变的工作原理。
2. 能根据旋变的工作原理制定驱动电机转速异常故障的检修方法。

二、实训内容

1. 掌握新能源汽车驱动电机转速传感器结构与工作原理、诊断方法并制定诊断流程。
2. 根据制定的诊断流程对驱动电机转速传感器故障进行诊断与排除。

三、实训设备

实训整车、万用表、解码器、维修手册及电路图、放电笔。

四、实训步骤

当吉利帝豪 EV300 新能源汽车发生驱动电机转速异常故障时，故障是上电挂挡踩下加速踏板出现的，加速踏板出现故障时驱动电机不转，所以驱动电机转速异常故障分析不包含加速踏板的故障分析，故障诊断流程应该从旋变传感器、驱动电机本身、PEU 电机控制器三方面进行故障分析，具体的故障诊断流程图如图 3-4-1 所示。

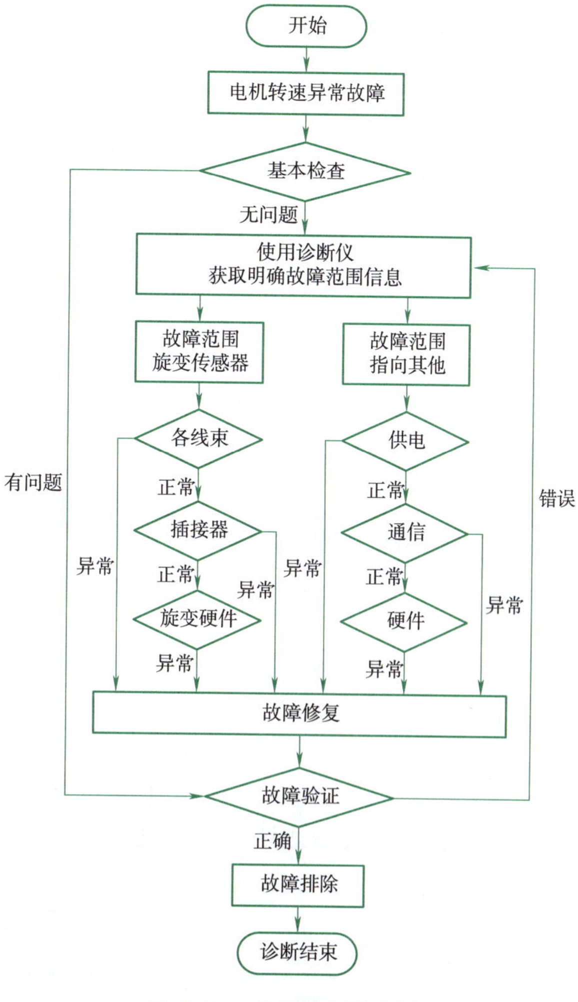

图 3-4-1　故障诊断流程图

下面根据前面制定的诊断流程，完成故障案例——驱动电机转速异常故障的检测、诊断与修复。

第一步，确认故障现象。根据客户描述的故障现象，检查组合仪表的故障提示，READY 指示灯正常点亮，上电挂挡踩下加速踏板，驱动电机转动异常，故障提醒警告灯点亮。

第二步，连接故障诊断仪。关闭点火开关，将故障诊断仪与车辆诊断口连接。OBD 诊断口与解码器连接方式如图 3-4-2 所示。

第三步，启动车辆，使用故障诊断仪进入相关系统模块读取故障代码和

学习笔记

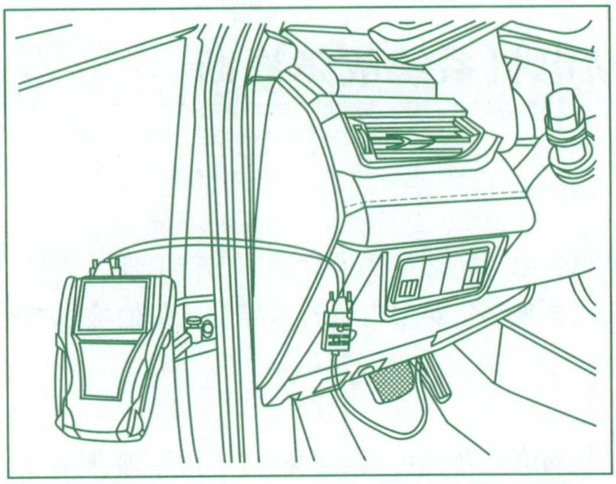

图 3-4-2　OBD 诊断口与解码器连接示意图

相关数据流(见表 3-4-1),进入驱动电机控制器 PEU 模块,读取故障代码和相关数据流,故障代码为 P0C5200,Sine/cosine 输入信号低于电压阀值。切换 VCU 系统模块进入,读取故障代码和相关数据流,读取到的故障代码为 P102A04,电机控制器故障等级 2(关闭输出)。通过仪表显示和故障诊断仪所读取的信息,初步判断范围是旋变传感器本身及其相关线路、PEU 等。

表 3-4-1　故障代码与相关数据流

序号	系统模块	能否进入	故障代码
1	PEU	能	P0C5200:Sine/cosine 输入信号低于电压阀值
2	VCU	能	P102A04,电机控制器故障等级 2(关闭输出)

第四步,确定故障范围。根据故障诊断仪的相关故障代码和数据流,结合吉利帝豪 EV300 的旋变电路原理图,确定故障范围为旋变传感器本身及其相关线路、PEU 等,故障代码显示正弦与余弦信号异常,重点围绕正/余弦信号进行检测。故障诊断电路图如图 3-4-3 所示。

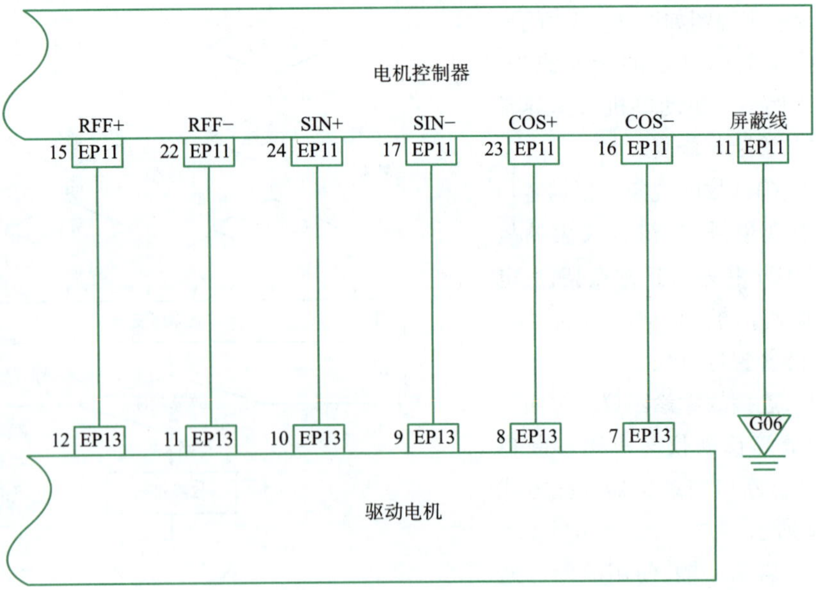

图 3-4-3　故障诊断电路图

学习笔记

第五步，故障范围检测与测量。断开蓄电池负极，等待 5 min，进行基本检查，对 EP11、EP13 插接器外观及连接情况检查，检查插接器外观及连接是否正常并测量记录。故障诊断测量值见表 3-4-2。

表 3-4-2　故障诊断测量值

步骤	端子号	测量条件	测量端子号图示	测量值	正常值	结论
1	Sin＋线束电阻 EP11/24→ EP13/10	OFF 挡	EP11 端子 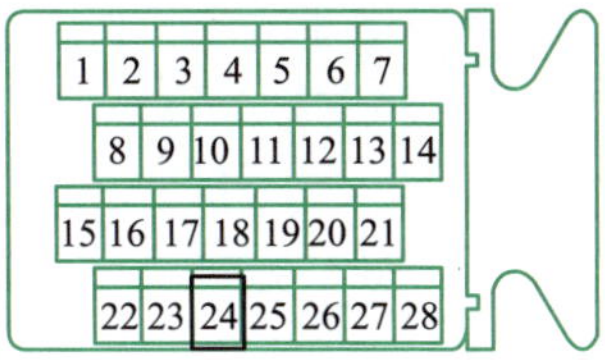 EP13 端子 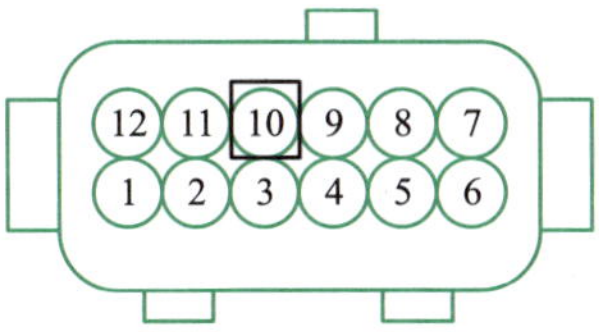	0.6 Ω	小于 1 Ω	正常
2	Sin-线束电阻 EP11/17→ EP13/9	OFF 挡	EP11 端子 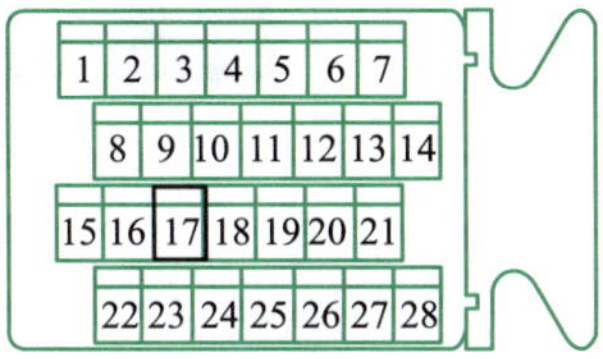 EP13 端子 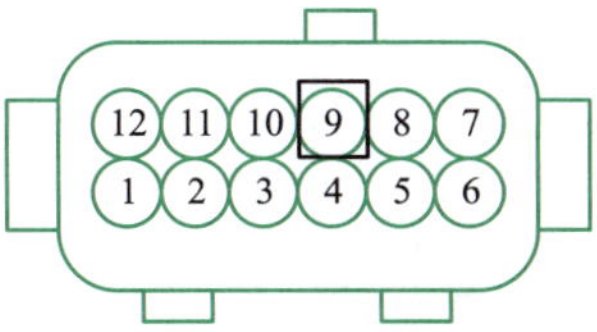	0.6 Ω	小于 1 Ω	正常
3	Cos-线束电阻 EP11/16→ EP13/7	OFF 挡	EP11 端子 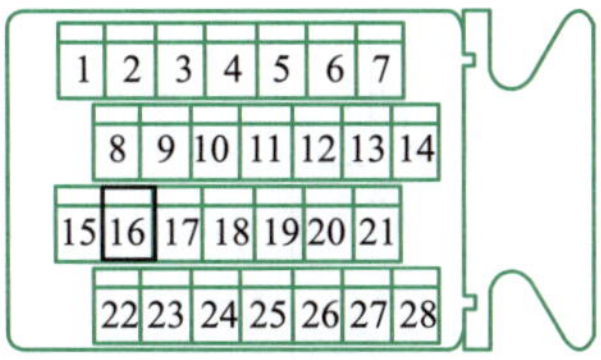 EP13 端子 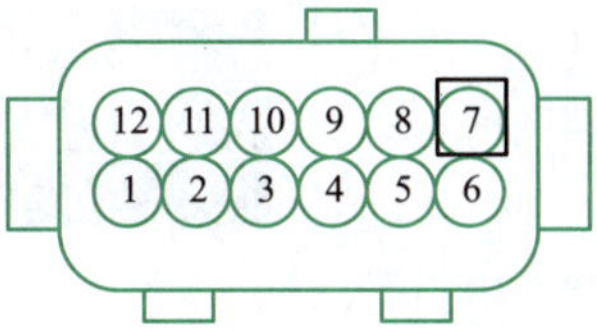	0.5 Ω	小于 1 Ω	正常

学习笔记

续表

步骤	端子号	测量条件	测量端子号图示	测量值	正常值	结论
4	Cos＋线束电阻 EP11/23→ EP13/8	OFF 挡	EP11 端子 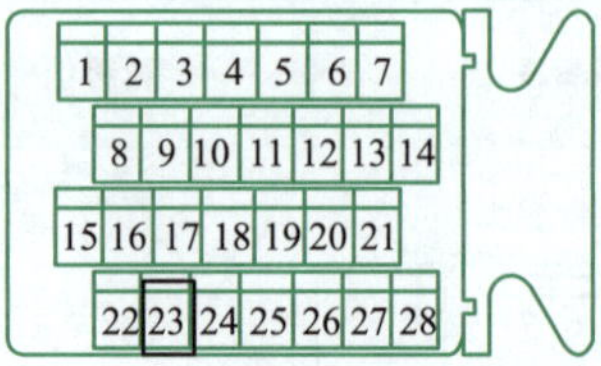 EP13 端子 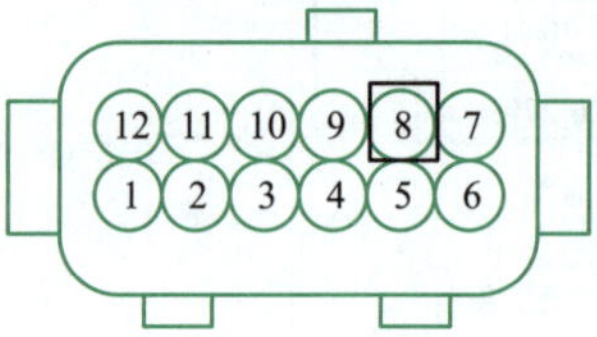	∞	小于 1 Ω	异常
5	Cos＋波形 EP11/23	ON 挡	EP11 端子 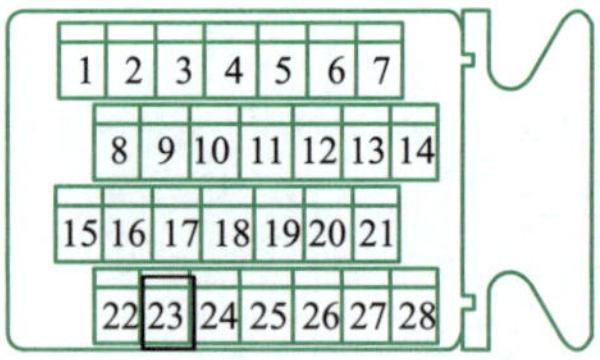		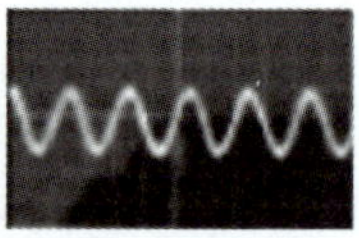	异常
6	Cos＋线束电阻 EP11/23→ EP13/8	OFF 挡	EP11 端子 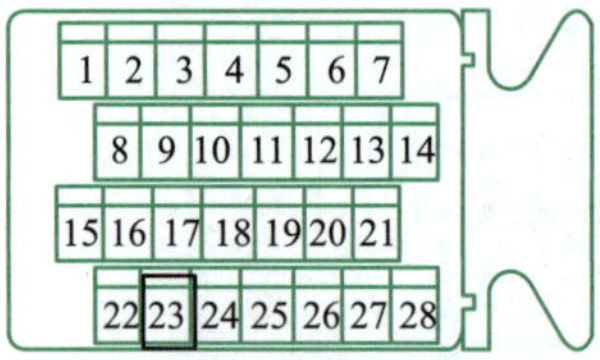 EP13 端子 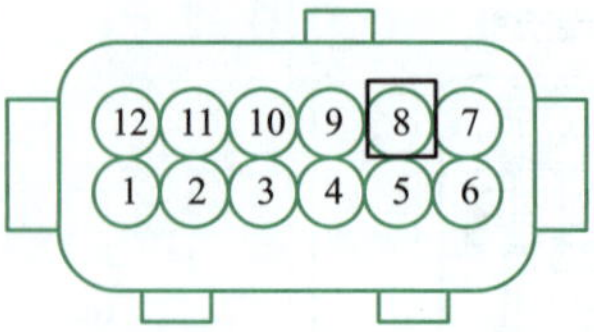	0. 4 Ω	小于 1 Ω	正常
7	Cos＋波形 EP11/23	ON 挡	EP11 端子 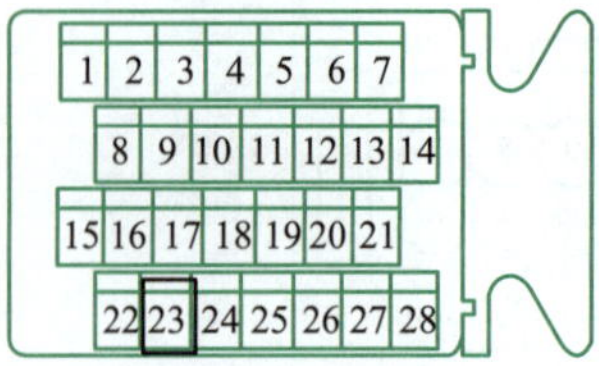	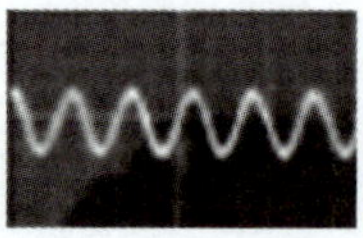	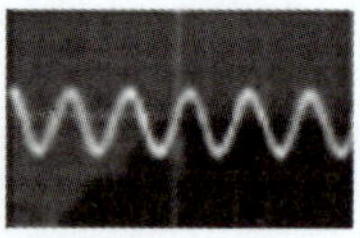	正常

学习笔记

第六步,故障点确认。经检查 Cos + 信号线束 EP11/23—EP13/8 断路。

第七步,故障排除及验证。按维修手册的要求修复 EP11/23—EP13/8 线束,修复后进行验证测量。车辆上电,使用故障诊断仪对帝豪 EV300 进行故障代码和数据流的读取,PEU 和 VCU 模块显示无故障代码,踩下加速踏板检查仪表无故障指示灯点亮,车辆可以正常行驶,确认故障已排除。

学习笔记

实训四　学生任务单

实训名称		实训场地		实训时间	
实训内容					

一、知识准备

当旋变传感器中的正弦信号线、____________、励磁信号线其中的某一根信号线发生故障时，车辆可以正常上____________，但是挂挡踩下加速踏板时____________会发送给 PEU 电机控制器一个____________的信号，这时 PEU 电机控制器无法准确地接收到驱动电机的____________，PEU 电机控制器无法准确地控制驱动电机____________，PEU 电机控制器会将其遇到的问题发送给 VCU 整车控制器，____________整车控制器会将故障提示发送到____________，仪表会显示____________警告灯。

二、实训计划

请根据实训目的，确定实训过程中所需要的工具、设备、检测仪器及防护用具等。并对小组成员进行合理的分工，制订详细的实训计划。

1. 将实训过程中所需要的工具、设备、检测仪器及防护用具填入表 3-4-3 中。

表 3-4-3　实训设备或工具

序号	名称	型号与规格	单位	数量	备注

2. 小组成员分工（全班学生以 6 人为一个小组，各组选出组长并进行任务分工，将小组成员及分工情况填入表 3-4-4 中）。

学习笔记

表 3-4-4　小组成员及任务分工

小组成员	姓名	任务分工
组长		
组员		

三、实训总结

对本次实训进行总结,并将操作过程中遇到的问题及相应解决方案填入表 3-4-5 中。

表 3-4-5　实训总结

序号	操作内容	遇到的问题及相应解决方案

四、实训综合评价

实训考核评价表见表 3-4-6。

表 3-4-6　实训考核评价表

项目名称	评价内容	分值	评价分数		
			自评	互评	师评
职业素养考核	无迟到、无早退、无旷课	8 分			
	仪容仪表符合规范要求	8 分			
	具备良好的安全意识与责任意识	10 分			
	具备良好的团队合作与交流能力	8 分			
	具备较强的纪律执行能力	8 分			
	保持良好的作业现场卫生	8 分			
专业能力考核	积极参加教学活动,按时完成任务单	16 分			
	操作规范,符合作业规程	16 分			
	操作熟练,工作效率高	18 分			
合计		100 分			
总评	自评(20%)+互评(20%)+师评(60%)		指导教师:		

学习笔记

五、课后练习

填空题

旋转变压器的作用是反应驱动电机转子当前的____________，电机控制器在通过____________计算当前的驱动电机____________。目前，大部分新能源汽车旋转变压器采用____________旋转变压器。

旋变传感器有六根线分别是：两根____________、两根余弦信号线、两根____________信号线，其中任何一根信号线发生故障，都会影响驱动电机的正常运转。

旋变传感器将信号传递给____________，电机控制器将信号处理使用，同时也要把信号传递给____________整车控制系统。

导致驱动电机转动异常的故障主要有____________、驱动电机本身、____________传感器，当旋变传感器发生故障，故障现象与____________故障现象很像，但是踩下____________后，旋变传感器故障会听到____________的声音，而加速踏板故障踩下后____________没有任何反应。

项目三

驱动电机控制器检测与故障排除

学习笔记

实训五　驱动电机控制器基本检测

一、实训目的

1. 让学生树立起规范操作的意识。
2. 能够对驱动电机控制器进行基本检查、在线检测和电气检测。

二、实训内容

1. 掌握驱动电机控制器的基本检查。
2. 掌握驱动电机控制器的在线检测。
3. 掌握驱动电机控制器的电气检测。

三、实训设备

拆装套装工具、绝缘工具套件、十字螺丝刀、万用表、208 接线盒、数字兆欧表、磁力吸棒、工作服、绝缘鞋、棉布手套、高压绝缘手套。

四、实训步骤

电机控制器检测要遵循由易到难、由外到内、由电气部件到机械部件的原则进行，并且一般是不解体优先。这里从基本检查、在线检测与绝缘检测三个方面介绍电机控制器检测方法与要点。

1. 基本检查

①检查电机控制器各插接器，确认插件是否连接到位，是否有退针现象，若有应及时插接到位。

②检查电机控制器各连接线束是否牢靠或破损，若发现有破损或者是异常连接状况应立即停止车辆使用，并将车辆移至厂家指定维修站点。

③通过闻电机控制器的气味，若发现有特殊的油漆味，说明驱动电机内部温度过高；若发现较重的糊味，则可能存在烧坏现象。

学习笔记

2. 电机控制器在线检测

在汽车启动以后，连接诊断仪读取电机控制器的相关数据流，根据数据流分析电机控制器的工况，主要需要读取的数据是电机控制器高压检测完成指标。

3. 电机控制器绝缘检测

电机控制器的主要损坏是电气故障，可以借助相关检测工具与设备进行检测。

(1) 电机控制器高压输入插接器 A 端子绝缘检测

断开蓄电池负极，然后断开 MCU 低压插头，最后断开电机控制器的高压输入接插器。使用兆欧表的 500 V 挡位，测量电机控制器高压输入接插器 A 端子和车身搭铁之间的电阻值，正常电阻值大于 20 MΩ；若测量值小于标准值，则说明电机控制器短路损坏。

(2) 电机控制器高压输入插接器 B 端子绝缘检测

断开蓄电池负极，然后断开 MCU 低压插头，然后断开电机控制器的高压输入接插器。使用兆欧表的 500 V 挡位，测量电机控制器高压输入接插器 B 端子和车身搭铁之间的电阻值，正常电阻值大于 20 MΩ；若测量值小于标准值，则说明电机控制器短路损坏。

若通过检测确认电机控制器存在故障，须将驱动电机从车身上拆下检测维修或更换。

注意事项：拆下和安装保险丝时，须关闭车辆电源开关，并断开蓄电池负极。

4. 电机控制器内电器元件检测

(1) 高压接触器检测

有些车型驱动电机控制输出三相交流电的线路中有三相接触器，需要用正确的方法检测接触器是否正常。高压接触器的检测分为基本检查、静态检测和动态检测。

①高压接触器基本检查。

a. 目视检查高压接触器外壳是否有破损或烧蚀痕迹。

b. 目视检查高压接触器插脚是否有烧蚀或断裂。有些高压接触器有高压线束接线柱和低压线束接插器，需要查看高压线束接线柱是否腐蚀和低压线束接插器插头是否有烧蚀。

②高压接触器静态检测。

a. 查看高压接触器针脚或端子，分别找到电磁线圈和高压触点两端的针脚或端子。

b. 用万用表检测电磁线圈的两个针脚的电阻（见图 3-5-1）。电磁线圈电阻值需查阅维修手册或专业技术资料确定（如继电器线圈为 48 Ω，则检测值应该为 48 Ω 左右），若检测值远高于标准值，则说明高压接触器损坏，需要更换新的高压接触器。

注意事项：有些接触器有电路板，其电磁线圈的电阻不能由连接器直接测量，对带电路板的高压接触器的电磁线圈进行检测时，需要避开电路板部分，否则检测不出电磁线圈的电阻。

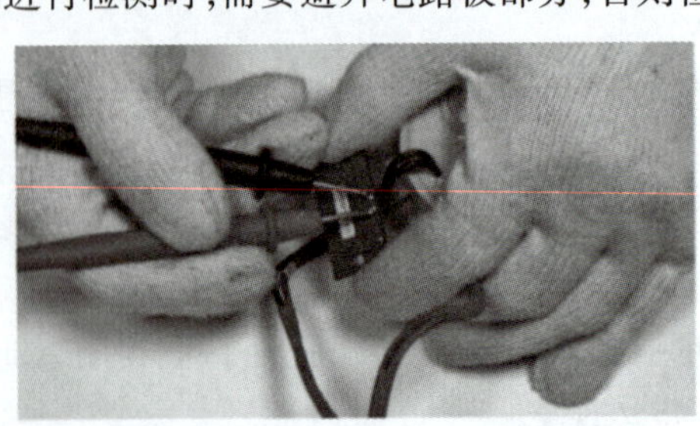

图 3-5-1　高压接触器电磁线圈电阻检测（带电路板）

c. 用万用表检测高压接触器高压触点的两接线柱或两端子电阻，标准电阻值为无穷大，若检测值与标准值不符，则需要更换新的高压接触器。

注意事项：对于高压接触器建议使用数字兆欧表检测高压接触器两高压触点之间的电阻值。因为使用万用表检测高压继电器触点电阻时，加在触点两端的电压很低，检测不出触点气隙变小时的通断（微电流无法跳过气隙），则无法判断高压接触器是否处于半粘连状态。

③高压接触器动态检测。

a. 将高压接触器电磁线圈针脚分别连接 12 V 电源的正极和负极。

b. 在电路闭合的情况下，倾听高压接触器触点是否有“啪”的闭合声音，并用万用表接高压接触器的两高压接线柱或两端子电阻，标准电阻值小于 19 Ω，若检测值与标准值不一致，说明高压接触器损坏，需要进行更换。

注意事项：在实际维修中一般先通过分析故障代码与数据流，以确定接触器是否存在工作不良的现象，再检查接触器低压端是否同时满足吸合时所需的电压及电流，即外围信号是否正常。

5. 电阻的检查

电机控制内部有电阻元件，需要检测其是否正常。有些电机控制器内部的电阻元件焊接在电路板上。

(1) 基本检查

找到电路板上相关电阻元件位置，查看其是否存在烧蚀、脱焊等异常状态。

(2) 电阻值检测

找到电阻元件的检测点，用万用表检测电阻元件电阻是否正常。不同电阻元件的电阻值是不同的，需要查阅维修手册或专业技术资料确定。如：电机控制器被动泄放电阻，阻值应为 75 kΩ 左右；主动泄放模块上的泄放电阻，阻值应为 7.5 Ω 左右；三相交流充电预充电阻阻值应为 33 Ω 左右；母线电容预充电阻阻值应为 100 Ω 左右。

学习笔记

实训五 学生任务单

实训名称		实训场地		实训时间	
实训内容					

一、知识准备

电机控制器是____________系统的核心,它是驱动电机的____________,即控制器输出命令,控制驱动电机的工作。它响应并反馈整车控制器根据____________意图发出的各种指令,实时调整供给驱动电机的电流与____________,以实现控制驱动电机的转速、转向和____________,同时电机控制器具有另一个重要功能是通信与____________,可以实时进行状态与____________,保护驱动电机系统与整车安全可靠运行。电机控制器根据其是否为独立部件可分为两种:____________电机控制器和非独立结构式电机控制器。

二、实训计划

请根据实训目的,确定实训过程中所需要的工具、设备、检测仪器及防护用具等。并对小组成员进行合理的分工,制订详细的实训计划。

1. 将实训过程中所需要的工具、设备、检测仪器及防护用具填入表3-5-1中。

表3-5-1 实训设备或工具

序号	名称	型号与规格	单位	数量	备注

2. 小组成员分工(全班学生以6人为一个小组,各组选出组长并进行任务分工,将小组成员及分工情况填入表3-5-2中)。

学习笔记

表 3-5-2　小组成员及任务分工

小组成员	姓名	任务分工
组长		
组员		

三、实训总结

对本次实训进行总结，并将操作过程中遇到的问题及相应解决方案填入表 3-5-3 中。

表 3-5-3　实训总结

序号	操作内容	遇到的问题及相应解决方案

四、实训综合评价

实训考核评价表见表 3-5-4。

表 3-5-4　实训考核评价表

项目名称	评价内容	分值	评价分数		
			自评	互评	师评
职业素养考核	无迟到、无早退、无旷课	8 分			
	仪容仪表符合规范要求	8 分			
	具备良好的安全意识与责任意识	10 分			
	具备良好的团队合作与交流能力	8 分			
	具备较强的纪律执行能力	8 分			
	保持良好的作业现场卫生	8 分			
专业能力考核	积极参加教学活动，按时完成任务单	16 分			
	操作规范，符合作业规程	16 分			
	操作熟练，工作效率高	18 分			
合计		100 分			
总评	自评(20%)+互评(20%)+师评(60%)		指导教师：		

学习笔记

五、课后练习

(一)填空题

拆卸低压蓄电池负极之后,需等待____________,待车上____________放电完毕后,才能进行下一步操作。

电机控制器低压线束搭铁电路的____________前,需断开低压蓄电池____________。

MCU 进行驱动保护,车辆无法行驶,同时生成与存储____________。此时关闭点火开关后再次打开,MCU 和 VCU 通过第一次____________运行,已经确认正弦和____________信号异常,且已生成故障代码,因此 MCU 和 VCU 在点火开关第二次打开后会启动____________,禁止____________。

(二)选择题

1. 下列是电机控制器的外部接口是低压接口的是(　　)。

   A. 进、出水管　　B. 低压线束插接口

   C. 高压线输入接口　　D. 三相交流线输出接口

2. 下列是电机控制器内部组成的是(　　)。

   A. IGBT 模块　　B. 控制板

   C. 大容量薄膜电容　　D. 主动和被动泄放模块

   E. 电流传感器　　F. 温度传感器

3. 下列是 2019 款比亚迪 E5 电机控制器的主控板组成的是(　　)。

   A. 主控芯片　　B. CAN 网络　　C. 采样电路　　D. 旋变电路

   E. 电流传感器　　F. 温度传感器

4. 比亚迪 E5 电机控制器的(　　)能监测驱动电机绝对位置和转速。

   A. 旋变电路　　B. 电源电路　　C. 主控芯片　　D. 采样电路

实训六　驱动电机控制器电路故障排除

一、实训目的

1. 能根据故障现象制定合理的诊断流程。
2. 能根据故障现象制定合理的诊断流程;能熟练使用维修工具进行诊断。

二、实训内容

1. 正确运用测量仪表进行旋变传感器检测。
2. 利用技术手册进行旋变信号电路检测。
3. 对新能源汽车驱动电机控制器电路进行故障诊断与排除。

三、实训设备

实训整车、车辆防护用品、诊断仪、万用表、绝缘电阻表、保险丝若干、继电器多个、维修资料电子版一套、绝缘手套、护目镜、绝缘鞋、高压警示牌、隔离带、绝缘工具套装等。

四、实训步骤

1. 旋变传感器的检测

温度传感器检测:温度传感器出现故障,仪表将点亮限制功率指示灯,警示驾驶人尽快维修。使用万用表检测温度传感器的上电电压,标准值应为5 V左右,检测工作后电压是否降为2.6 V左右,如果没有,说明已损坏,应更换。旋变传感器还有旋变信号盘故障、旋变线束断路、电机控制器检测不到旋变信号等故障,旋变传感器的故障类型如图3-6-1所示。

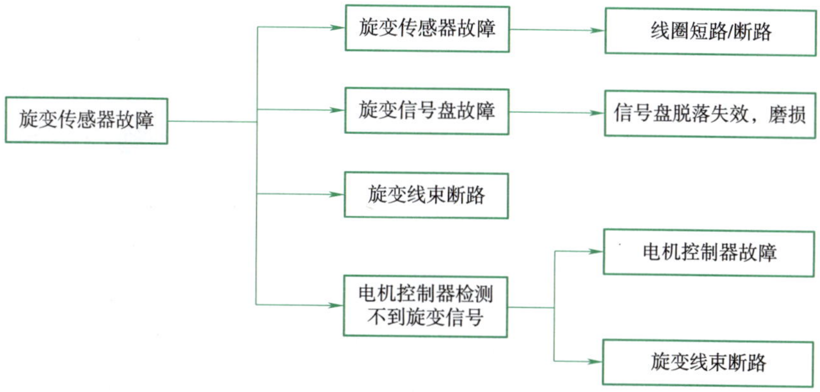

图3-6-1　旋变传感器故障类型

2. 驱动电机管理系统故障检测

驱动电机管理系统端子定义、标准值及故障现象见表3-6-1。驱动电机管理系统各端子都需要一一使用万用表的电压挡或者电阻挡进行测量,如果没有达到标准值,且出现了相应的故障现象,应对相应电路进行排查与修复。故障检测程序为:①故障验证,包括车辆状况与

学习笔记

仪表板提示信息；②可能的故障原因，根据故障现象罗列可能的故障点；③树状图，是将导致系统故障的所有可能原因按树枝状逐级细化的一种故障分析方法；④故障机理，是指故障点导致故障现象的原因；⑤车辆可能有多个故障，维修每一个后必须要再次验证，直至无故障为止。

表 3-6-1　驱动电机管理系统端子定义、标准值及故障现象

端子	定义	标准值	故障现象
1/2	电源正极，常电	12～14 V	仪表正常，高压上电异常
4	电源正极，点火开关电压	12～14 V	主告警灯点亮，检查动力系统，检测 ESP 系统，EV 功能受限
24/25	电源负极	0 V	仪表正常，高压上电异常
32	动力网 CAN-H	2.6 V	主告警灯点亮，检查动力系统，检测 ESP 系统，EV 功能受限
31	动力网 CAN-L	2.2 V	主告警灯点亮，EV 功能受限
12	动力网屏蔽线	0 V	仪表正常，高压上电异常
3	高压互锁输入	0.4～3.8 V	行驶功能受限，高压上电异常
14	高压互锁输出	0.4～3.8 V	行驶功能受限，高压上电异常
12	励磁绕组＋	9.5±1.5 Ω	高压上电正常。将挡位切换至 D 位，踩加速踏板，EPB 正常解锁，但此时车辆不运行
11	励磁绕组－		
34	正弦绕组＋	13.5±1.5 Ω	高压上电正常。将挡位切换至 D 位，踩加速踏板，EPB 正常解锁，但此时车辆不运行
35	正弦绕组－		
23	余弦绕组＋	14.5±1.5 Ω	高压上电正常。将挡位切换至 D 位，踩加速踏板，EPB 正常解锁，但此时车辆不运行
22	余弦绕组－		
10	温度传感器＋	2.6 V	高压上电正常，EV 功能受限
9	温度传感器－	0 V	仪表正常，行驶功能正常

3. 控制器电路故障的诊断与排除

秦 EV 汽车，行驶里程八万公里，按压启停开关，高压不能上电，仪表 OK 灯不亮，同时仪表显示“请检查动力系统”故障，车辆仪表屏幕显示信息如图 3-6-2 所示。

图 3-6-2　车辆仪表屏幕显示信息

（1）故障排查

①车辆基本检查，检查前舱接插件线束是否连接到位。

②运用诊断设备，连接解码仪，读取故障代码，动力网与前驱动电机制器报出故障代码：P1BBF00、P1BF200，见表 3-6-2。

③通过故障代码可以非常明确地看出是旋变故障，此时需要进一步进行检查，并且读取数据流，检查有无异常。驱动电机模块数据流见表 3-6-3。

表 3-6-2　解码器读出的数据流

故障代码	故障状态	故障描述
P1BBF00	当前故障	前驱动电机旋变故障——信号丢失
P1BF200	当前故障	前电机绕组温度传感器采样异常

学习笔记

表 3-6-3　驱动电机模块数据流

名称	当前值	标准值	单位
前驱动电机母线电压	391	0 ~ 1 000	伏
转速	0	- 18 000 ~ 18 000	转/分
扭矩	0	- 500 ~ 500	N · m
功率	0	- 100 ~ 200	kW
智能功率模块(IPM)散热器温度	35	- 40 ~ 160	℃
驱动电机温度	- 40	- 40 ~ 160	℃
绝缘栅双极晶体管(IGBT)温度	30	- 40 ~ 160	℃

④关闭点火开关,断开低压蓄电池负极(等待 3 min),拆卸前驱总成的后端盖,如图 3-6-3 所示。

⑤查阅电气原理图,找到旋变信号线路针脚号,分别测量正弦、余旋、励磁的阻值,如图 3-6-4、图 3-6-5、图 3-6-6 所示。

图 3-6-3　拆卸前驱总成的后端盖

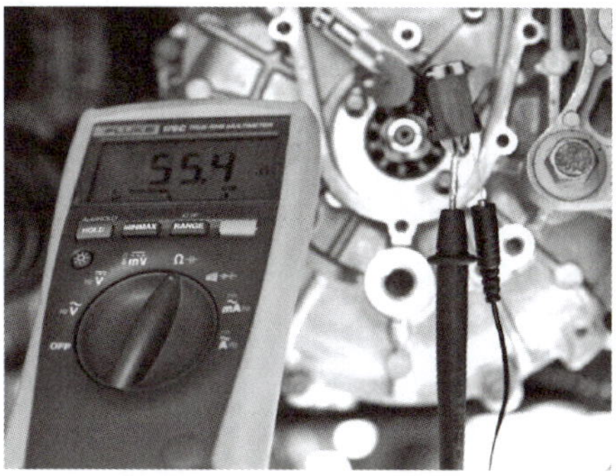

图 3-6-4　旋变传感器正弦电阻

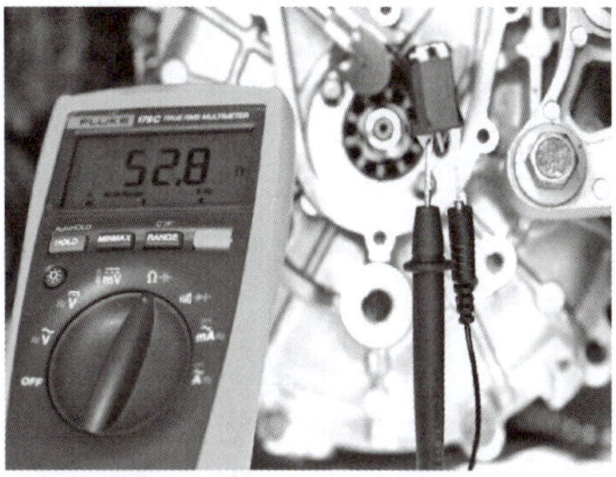

图 3-6-5　旋变传感器余弦电阻

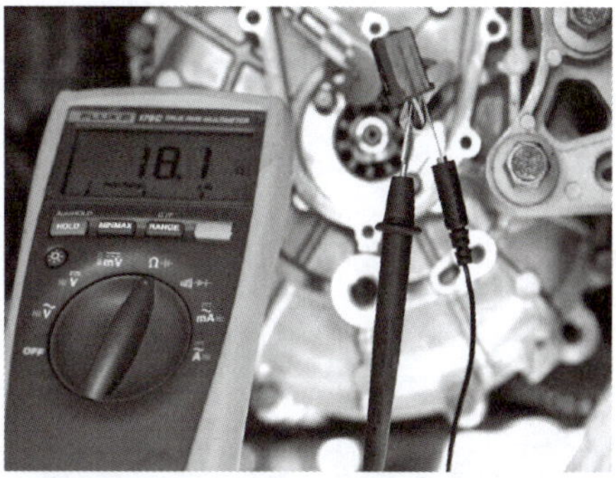

图 3-6-6　旋变传感器励磁电阻图

⑥测量旋变传感器插接件电阻,阻值为无穷大,如图 3-6-7 所示,继续查找发现电机插头处针脚退针。

学习笔记

(2)故障排除

修复传感器线束插针，重新启动汽车，仪表显示正常，汽车正常上电，故障排除，如图3-6-8所示。

图3-6-7　测量旋变传感器电阻

图3-6-8　仪表显示正常

学习笔记

实训六　学生任务单

实训名称		实训场地		实训时间	
实训内容					

一、知识准备

若测量值大于 0 V,应静置__________后再次测量,必须在正负极端子之间电压值为__________后,才能进行__________。

对驱动电机控制器低压线束进行电路检测时,需连接__________负极。

在进行动力网 CAN－H 检测时,检测的标准值是:__________,主要的故障现象是:主告__________点亮,检查__________,检测 ESP 系统,__________受限。

二、实训计划

请根据实训目的,确定实训过程中所需要的工具、设备、检测仪器及防护用具等。并对小组成员进行合理的分工,制订详细的实训计划。

1. 将实训过程中所需要的工具、设备、检测仪器及防护用具填入表 3-6-4 中。

表 3-6-4　实训设备或工具

序号	名称	型号与规格	单位	数量	备注

2. 小组成员分工(全班学生以 6 人为一个小组,各组选出组长并进行任务分工,将小组成员及分工情况填入表 3-6-5 中)。

学习笔记

表 3-6-5　小组成员及任务分工

小组成员	姓名	任务分工
组长		
组员		

三、实训总结

对本次实训进行总结，并将操作过程中遇到的问题及相应解决方案填入表 3-6-6 中。

表 3-6-6　实训总结

序号	操作内容	遇到的问题及相应解决方案

四、实训综合评价

实训考核评价表见表 3-6-7。

表 3-6-7　实训考核评价表

项目名称	评价内容	分值	评价分数		
			自评	互评	师评
职业素养考核	无迟到、无早退、无旷课	8 分			
	仪容仪表符合规范要求	8 分			
	具备良好的安全意识与责任意识	10 分			
	具备良好的团队合作与交流能力	8 分			
	具备较强的纪律执行能力	8 分			
	保持良好的作业现场卫生	8 分			
专业能力考核	积极参加教学活动，按时完成任务单	16 分			
	操作规范，符合作业规程	16 分			
	操作熟练，工作效率高	18 分			
合计		100 分			
总评	自评(20%)+互评(20%)+师评(60%)		指导教师：		

学习笔记

五、课后练习

填空题

____________用来感受驱动电机及其控制器的温度变化，并把____________转换成电子信号输送给驱动电机____________，从而控制驱动电机极其控制器的____________。如果温度传感器出现故障，驱动电机控制系统将启动整车限____________功能，车辆最高车速及加速性能将受限，同时仪表将点亮______________指示灯，警示驾驶人尽快维修。温度传感器在上电后由____________参考电压，工作后电压降为____________，随着温度的升高，电阻值会____________，电压也____________。

在进行励磁绕组检测时，检测的标准值是：____________，主要的故障现象是：____________正常。将挡位切换至____________，踩加速踏板，EPB 正常____________，但此时车辆____________。

项目四

驱动电机减速机构保养与检修

学习笔记

实训七　驱动电机减速机构总成检修

一、实训目的

1. 掌握驱动电机减速器的保养项目。
2. 熟悉驱动电机减速器的结构特征。
3. 掌握驱动电机减速器力的传递方式，并能说出每个齿轮的作用。

二、实训内容

1. 对驱动电机减速器外观进行检测，检查是否有裂缝或者漏油的现象。
2. 对驱动电机减速器油位进行检查并进行排放与加注操作。
3. 对驱动电机减速器内部齿轮进行检测，检查是否有磨损或打齿的现象。
4. 驱动电机减速器结构的解体及其内部齿轮的检查。

三、实训设备

实训整车、减速器总成、举升机、接油桶、齿轮油加注器、齿轮油、拆装工具套装等。

四、实训步骤

根据减速器的结构与使用特点，减速器总成检修可以分为减速器总成维护和检测两部分。

1. 减速器总成维护

减速器总成维护主要是根据使用周期或里程进行的基本检查和油液更换。若对初期使用的车辆进行初期保养，减速器磨合后，建议3 000 km或3个月更换润滑油，并从下次开始进行定期维护，且减速器总成维护保养应在整车特约维修点进行。

(1)减速器基本检查

①举升车辆至合适位置，目视检查油液观察孔，查看油液液位是否正常。

②目视检查减速器总成表面是否有裂纹、锈蚀及磕碰现象，并仔细查看减速器总成表面是否有泄漏的油液，若有须进一步检修。

学习笔记

2. 减速器油更换

①清洁减速器总成外部表面。

②根据减速器结构，找到减速器总成的排油孔和加油孔，按照操作规范排净减速器总成内的油液并用油液收集器收集。

③打开减速器总成加油孔，用专用加油工具添加适量的减速器总成的油液。

3. 减速器总成不解体检查

减速器总成不解体检查前需将车辆举升至合适操作高度，检查减速器表面是否有泄漏或者破损，若发现有破损或者漏油等异常状况应立即停止车辆使用，并将车辆移至厂家指定维修站点。

4. 减速器总成解体检测

减速器总成解体检测主要包括减速器总成拆卸与减速器总成检测。

（1）减速器总成拆卸

将车辆举升至合适操作高度后，拆卸车辆悬架及驱动桥总成，分离主减速器和驱动电机，将主减速器放置于升降平板车上。

根据减速器总成的组成依次拆卸相关部件，包括差速器半轴、输入轴的拆卸，减速器前后箱体的分离，减速器齿轮传动机构的拆卸。

①差速器半轴、输入轴的拆卸

使用一字螺丝刀拆卸左右两侧半轴的挡圈和密封圈，并用抹布包裹差速器半轴后，拆卸差速器半轴上的固定螺栓。用同样方法拆卸输入轴密封圈和减速器与驱动电机结合密封圈。

②减速器前后箱体的分离

使用套筒、接杆、指针式扭力扳手组合工具拆卸差速器、减速器内外侧固定螺栓，并妥善放置，使用头部包裹胶带的一字螺丝刀轻撬减速器壳体，将减速器前箱体与后箱体分离。

③减速器齿轮传动机构的拆卸

取下磁铁及差速器齿轮轴垫圈，并脱下手套轻轻晃动，取下差速器齿轮轴，妥善放置。使用套筒、接杆、指针式扭力扳手组合工具拆卸中间轴和输入轴上的固定螺栓。

（2）减速器总成减速机构检测

进行减速器总成减速机构检查前需先进行减速机构的清洁。这里包括两方面内容，分别是减速器总成减速机构的清洁、减速器总成减速机构的检查与减速器总成齿轮减速结构检测。

①减速器总成减速机构的清洁。

a. 取出油盆和清洁刷。

b. 使用清洁刷清洁输入轴，如图 3-7-1 所示。

c. 使用清洁刷清洁中间轴。

d. 使用清洁刷清洁差速器齿轮轴。

e. 回收油盆和清洁刷。

f. 使用铲刀铲除后箱体残余密封胶，如图 3-7-2 所示。

g. 使用抹布清洁后箱体密封面。

h. 使用铲刀铲除前箱体残余密封胶。

学习笔记

i. 使用抹布清洁前箱体密封面。

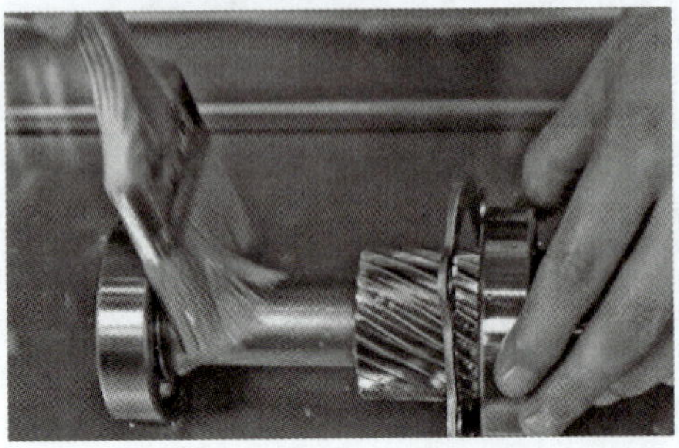

图 3-7-1　清洁输入轴

图 3-7-2　铲除后箱体残余密封胶

②减速器总成减速机构的检查。

a. 目视检查：直观地查看减速器的外观，包括外壳是否有明显的损伤、裂纹、变形或漏油迹象。连接部位的螺栓、螺母是否紧固，有无松动、锈蚀现象。油封处是否有漏油等情况。

b. 液位及油温检查：检查减速器内的润滑油液位是否在正常范围内，油质是否清澈，有无变质、乳化或混入杂质，如果油液不足或变质，应及时更换。通过安装在减速器内的温度传感器监测油温的变化；也可以使用红外线测温仪或者触摸感受减速器外壳的温度。油温过高可能意味着润滑不良、零件磨损、负载过大或内部故障。

c. 噪声检查：在车辆运行时，借助专业的噪声检测设备，或者通过经验丰富的维修人员凭耳朵倾听，判断减速器工作时是否产生异常噪声，如摩擦声、撞击声或嗡嗡声。异常噪声可能表明内部零件或者齿轮有磨损、轴承有损坏等。

d. 振动检查：感受车辆在行驶过程中，减速器传递的振动是否异常强烈；也可以使用振动传感器与分析仪器，测量减速器运行中的振动频率与幅度。过度的振动可能是由于零部件失衡、松动或磨损导致。

e. 内窥镜检查：使用内窥镜深入减速器内部，检查齿轮、轴和轴承等部件的表面状况，查看是否有磨损、裂纹或剥落等损伤。

f. 台架测试：将减速器安装在专门的测试台架上，模拟实际工作条件，进行加载、变速等操作，全面检测其性能与各项参数。

③减速器总成齿轮减速机构的检测。

a. 检查输入轴齿轮和轴承是否有缺齿、锈蚀和异常磨损等情况，若有，应更换新的输入轴齿轮。

b. 检查中间轴齿轮和轴承是否有缺齿、锈蚀和异常磨损等情况，若有，应更换新的中间轴齿轮。

c. 检查差速器齿轮和轴承是否有缺齿、锈蚀和异常磨损等情况，若有，应更换新的差速器齿轮。

d. 检查前箱体外观和轴承外圈是否有损伤，若有，应更换新的前箱体。

e. 检查后箱体外观和轴承外圈是否有损伤，若有，应更换新的后箱体。

f. 检查减速器与驱动电机结合密封圈是否老化损坏，若有，应更换新的密封圈。

g. 检查左右两侧半轴密封圈和挡圈是否变形损坏，若有，应更换新的密封圈和挡圈。

学习笔记

h. 检查输入轴密封圈是否老化损坏，若有，应更换新的输入轴密封圈。

i. 检查齿轮的啮合间隙、轴向间隙与径向间隙等是否符合标准，判断是否在正常范围内，如不在，应维修或者更换。

j. 轴承的游隙检查，检查轴承的滚道与滚动体是否有磨损、剥落、裂纹等缺陷，以及轴承的游隙是否正常。

学习笔记

实训七　学生任务单

实训名称		实训场地		实训时间	
实训内容					

一、知识准备

减速器总成是电机驱动系统的____________,它主要用于将驱动电机输出的驱动转速和转矩经过____________后,通过半轴传递给____________,从而驱动车辆行驶。

新能源汽车行驶状态传递路线:驱动电机(____________)→____________→一级减速主动齿轮→中间轴→一级减速____________→中间轴→二级减速____________→二级减速从动齿轮→差速器____________齿轮→左右半轴→左右____________。

二、实训计划

请根据实训目的,确定实训过程中所需要的工具、设备、检测仪器及防护用具等。并对小组成员进行合理的分工,制订详细的实训计划。

1. 将实训过程中所需要的工具、设备、检测仪器及防护用具填入表3-7-1中。

表3-7-1　实训设备或工具

序号	名称	型号与规格	单位	数量	备注

2. 小组成员分工(全班学生以6人为一个小组,各组选出组长并进行任务分工,将小组成员及分工情况填入表3-7-2中)。

学习笔记

表 3-7-2　小组成员及任务分工

小组成员	姓名	任务分工
组长		
组员		

三、实训总结

对本次实训进行总结，并将操作过程中遇到的问题及相应解决方案填入表 3-7-3 中。

表 3-7-3　实训总结

序号	操作内容	遇到的问题及相应解决方案

四、实训综合评价

实训考核评价表见表 3-7-4。

表 3-7-4　实训考核评价表

项目名称	评价内容	分值	评价分数		
			自评	互评	师评
职业素养考核	无迟到、无早退、无旷课	8 分			
	仪容仪表符合规范要求	8 分			
	具备良好的安全意识与责任意识	10 分			
	具备良好的团队合作与交流能力	8 分			
	具备较强的纪律执行能力	8 分			
	保持良好的作业现场卫生	8 分			
专业能力考核	积极参加教学活动，按时完成任务单	16 分			
	操作规范，符合作业规程	16 分			
	操作熟练，工作效率高	18 分			
合计		100 分			
总评	自评(20%)＋互评(20%)＋师评(60%)		指导教师：		

学习笔记

五、课后练习

(一)填空题

由于新能源汽车驱动电机可以直接带动__________、并可以通过控制电路__________或者改变__________顺序来改变驱动电机转向来实现倒挡、通过改变三相电的__________改变驱动电机转速,所以新能源汽车用于动力传动的减速器总成可以没有__________。新能源汽车减速器总成大多采用具有固定__________的二级减速器和__________组成,这类减速器总成与传统汽车的传动系统相比具有__________、体积小、占用__________的特点。

(二)选择题

1. (　　)可以实现降低转速,增加扭矩。

A. 驱动电机控制器　　B. 高压电控总成
C. 减速器总成　　D. 驱动电机

2. 三合一驱动桥总成由(　　)等组成。

A. 驱动电机控制器　　B. 高压电控总成
C. 减速器　　D. 驱动电机

3. 减速器总成检修可以分为(　　)。

A. 减速器基本检查　　B. 减速器油更换
C. 减速器总成不解体检查　　D. 减速器总成解体检测

4. 比亚迪 E5 电驱三合一减速器总成位置(　　)。

A. 前机舱内充配电总成左侧　　B. 前机舱内充配电总成右侧
C. 前机舱内充配电总成上部　　D. 前机舱内充配电总成下部

5. (　　)一般还兼作润滑油的油箱,具有充分润滑和很好的密封箱体零件的作用。

A. 箱体　　B. 输入轴组件　　C. 中间轴组件　　D. 差速器

学习笔记

实训八　驱动电机减速机构拆装与调整

一、实训目的

1. 掌握驱动电机减速器的分解方法。
2. 掌握驱动电机减速器的装配工艺及装配技巧。

二、实训内容

1. 驱动电机减速机构拆卸。
2. 驱动电机减速机构清洁与检查。
3. 驱动电机减速机构安装。

三、实训设备

实训整车、拆装工具套装、接油盘、大力钳、定扭式扭力扳手、清洁刷、指针式扭力扳手、小一字螺丝刀、钢尺、游标卡尺、螺纹胶、密封胶、润滑油、橡胶锤、铲刀、工作服、工作鞋、抹布、维修手册。

四、实训步骤

1. 驱动电机减速机构拆卸

(1)差速器半轴、输入轴拆卸

①使用头部包裹胶带的一字螺丝刀拆卸差速器左侧半轴挡圈。

②使用头部包裹胶带的一字螺丝刀拆卸差速器左侧半轴密封圈,如图 3-8-1 所示。

③将差速器左侧半轴用抹布包裹后,再使用管钳进行固定,使用 6 mm 内角套筒接杆棘轮扳手组合工具,拆卸差速器半轴固定螺栓,如图 3-8-2 所示。

图 3-8-1　拆卸差速器左侧半轴密封圈

图 3-8-2　拆卸差速器半轴固定螺栓

④松开管钳并取下抹布,取下左侧差速器半轴,并放置于合适位置。

⑤以同样的方法拆卸右侧差速器半轴,使用头部包裹胶带的一字螺丝刀拆卸输入轴密封圈。

⑥使用头部包裹胶带的一字螺丝刀拆卸减速器与驱动电机结合密封圈。

学习笔记

(2)减速器前后箱体分离

①使用10 mm套筒接杆、指针式扭力扳手组合工具,按对角线顺序,预松差速器6颗固定螺母,如图3-8-3所示。

②使用10 mm套筒、接杆、棘轮扳手组合工具,按同样顺序拆卸差速器6颗固定螺母,取下差速器固定螺母并妥善放置。

③使用10 mm套筒、接杆、指针式扭力扳手组合工具按对角线顺序预松减速器内侧13颗固定螺栓。

④使用10 mm套筒、接杆、棘轮扳手组合工具,按同样顺序拆卸减速器内侧13颗固定螺栓,取下减速器内侧13颗固定螺栓并妥善放置。

⑤使用10 mm套筒、接杆、指针式扭力扳手组合工具,按对角线顺序预松减速器外侧5颗固定螺栓。

⑥使用10 mm套筒、接杆、棘轮扳手组合工具,按同样顺序拆卸减速器外侧5颗固定螺栓,取下减速器外侧5颗固定螺栓,并妥善放置。

⑦使用头部包裹胶带的一字螺丝刀轻翘减速器壳体,如图3-8-4所示,将减速器前箱体与后箱体分离。

图3-8-3　预松差速器6颗固定螺

图3-8-4　使用头部包裹胶带的一字螺丝刀轻翘壳体

(3)减速器齿轮传动机构拆卸

①取出磁铁并妥善放置。

②取下差速器齿轮轴垫圈。

③轻轻晃动,取下差速器齿轮轴并妥善放置。

④取下差速器齿轮轴并妥善放置。

⑤使用8 mm套筒、接杆、指针式扭力扳手组合工具,预松中间轴3颗固定螺栓。

⑥使用8 mm套筒、接杆、棘轮扳手组合工具,拆卸中间轴3颗固定螺栓。

⑦轻轻晃动取出中间轴并妥善放置。

⑧使用8 mm套筒、接杆、指针式扭力扳手组合工具,预松输入轴6颗固定螺栓。

⑨使用8 mm套筒、接杆、棘轮扳手组合工具,拆卸输入轴6颗固定螺栓。

⑩轻轻晃动取出输入轴并妥善放置。

2. 减速器总成箱体检测与调整

按照规范使用外径千分尺和钢直尺检测减速器总成箱体内轴承座的深度、差速器齿轮轴轴承面的高度,并计算差速器轴承片的厚度。

①将直尺放置于前箱体结合面上,将游标卡尺放置于直尺上,使用游标卡尺深度测量尺,

学习笔记

测量前箱体结合面至差速器轴承座安装端面的深度，并记录测量数值，如图 3-8-5 所示。

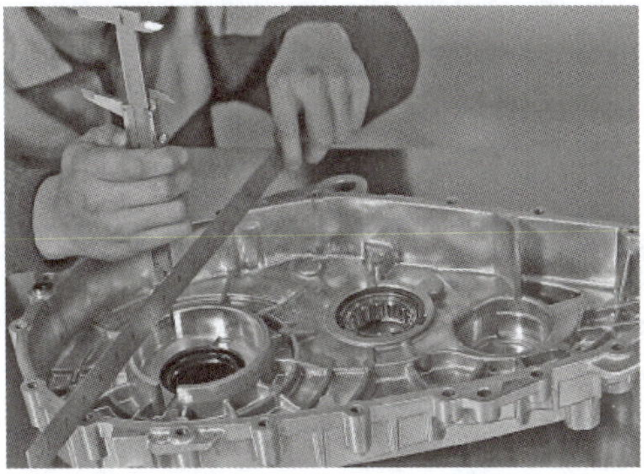

图 3-8-5 测量前箱体结合面至差速器轴承座安装端面深度

②调整直尺的位置，使用游标卡尺测量前箱体结合面至差速器轴承座安装端面的深度，测量 3 次，取平均值作为测量结果。

③以同样的方法测量差速器齿轮轴至后箱体结合面的高度。

④使用测量的深度减去测量的高度，所得数值即为差速器轴调整垫片的厚度，标准值见表 3-8-1。

表 3-8-1 差速器轴调整垫片的厚度标准值

序号	厚度(mm)	序号	厚度(mm)	序号	厚度(mm)
1	0.60	7	0.90	13	1.20
2	0.65	8	0.95	14	1.25
3	0.70	9	1.00	15	1.30
4	0.75	10	1.05	16	1.35
5	0.80	11	1.10	17	1.40
6	0.85	12	1.15	18	1.45

3. 驱动电机减速机构安装

(1)减速器齿轮传动机构安装

①在输入轴轴承和后箱体上涂抹润滑油，如图 3-8-6 所示，将输入轴齿轮安装至后箱体内。

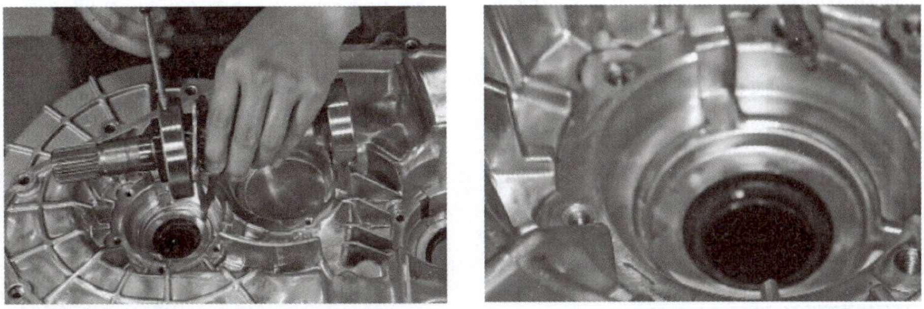

图 3-8-6 输入轴轴承和后箱体上涂抹润滑油

学习笔记

②在输入轴齿轮固定螺栓上涂抹螺纹胶，如图3-8-7所示。

③使用8 mm套筒、接杆、棘轮扳手组合工具安装输入轴齿轮6颗固定螺栓，如图3-8-8所示。

④使用8 mm套筒、接杆、定扭式扭力扳手组合工具紧固输入轴齿轮6颗固定螺栓至规定力矩，规定力矩为12 N·m。

图3-8-7　涂抹螺纹胶

图3-8-8　安装输入轴齿轮

⑤在中间轴轴承和后箱体上涂抹润滑油，将输入轴齿轮安装至后箱体内。

⑥在中间轴齿轮固定螺栓上涂抹螺纹胶，并用手旋入固定螺栓。

⑦使用8 mm套筒、接杆、棘轮扳手组合工具安装中间轴齿轮3颗固定螺栓。

⑧使用8 mm套筒、接杆、定扭式扭力扳手组合工具紧固中间轴齿轮3颗固定螺栓至规定力矩，规定力矩为12 N·m。

⑨在差速器齿轮轴轴承和后箱体上涂抹润滑油，将差速器齿轮轴安装至后箱体内，转动齿轮传动机构，检查各齿轮是否啮合到位。

（2）减速器前后箱体安装

①在减速器箱体结合面均匀涂抹密封胶，将磁铁安装至后箱体上。

②安装合适厚度的差速器齿轮轴垫圈。

③将减速器前后箱体合在一起，使用橡胶锤轻轻敲击使箱体结合紧密。

④用手旋入减速器外侧5颗固定螺栓，使用10 mm套筒、接杆、棘轮扳手组合工具，按对角线顺序拧紧减速器外侧5颗固定螺栓。

⑤使用10 mm套筒、接杆、定扭式扭力扳手组合工具，紧固减速器外侧5颗固定螺栓至规定力矩，规定力矩为25 N·m。

⑥用手旋入减速器内侧13颗固定螺栓，使用10 mm套筒、接杆、棘轮扳手组合工具，按对角线顺序拧紧减速器内侧13颗固定螺栓。

⑦使用10 mm套筒、接杆、定扭式扭力扳手组合工具，紧固减速器内侧13颗固定螺栓至规定力矩，规定力矩为25 N·m。

⑧用手旋入差速器齿轮轴6颗固定螺栓，使用10 mm套筒、接杆、棘轮扳手组合工具，拧紧差速器齿轮轴6颗固定螺栓。

⑨使用10 mm套筒、接杆、定扭式扭力扳手组合工具，紧固差速器齿轮轴6颗固定螺栓至规定力矩，规定力矩为45 N·m。

学习笔记

(3)差速器半轴安装

①将左侧差速器半轴安装至差速器上。

②将差速器左侧半轴用抹布包裹后,再使用管钳进行固定。

③使用6 mm内六角套筒、接杆、棘轮扳手组合工具,安装差速器半轴固定螺栓。

④松开管钳并取下抹布,安装左侧半轴挡圈及密封圈。

⑤安装减速器与驱动电机结合密封圈。

⑥安装输入轴密封圈。

需要注意的是,在具体的检测维修过程中,以上检测方法需要综合运用。由专业的技术人员根据具体情况选择合适的方法;使用专用的检测设备与工具进行检测。以确保检测的准确性与安全性,从而正确判断出新能源汽车减速器的工作状态与潜在问题。

学习笔记

实训八　学生任务单

实训名称		实训场地		实训时间	
实训内容					

一、知识准备

电机驱动系统中的驱动电机、电机＿＿＿＿＿＿与＿＿＿＿＿＿之间是相对独立的，减速器总成位于汽车前机舱内驱动电机控制器＿＿＿＿＿＿位置。

驱动电机与驱动电机控制器之间的高压线束采用＿＿＿＿＿＿。

外部的高压线束直接连接至提供高压直流电的＿＿＿＿＿＿。

减速器总成与驱动电机的＿＿＿＿＿＿连接，安装在＿＿＿＿＿＿的输出端。

电驱三合一减速器总成位于前机舱内＿＿＿＿＿＿总成下部。

二、实训计划

请根据实训目的，确定实训过程中所需要的工具、设备、检测仪器及防护用具等。并对小组成员进行合理的分工，制订详细的实训计划。

1. 将实训过程中所需要的工具、设备、检测仪器及防护用具填入表3-8-2中。

表3-8-2　实训设备或工具

序号	名称	型号与规格	单位	数量	备注

2. 小组成员分工（全班学生以6人为一个小组，各组选出组长并进行任务分工，将小组成员及分工情况填入表3-8-3中）。

学习笔记

表 3-8-3　小组成员及任务分工

小组成员	姓名	任务分工
组长		
组员		

三、实训总结

对本次实训进行总结,并将操作过程中遇到的问题及相应解决方案填入表 3-8-4 中。

表 3-8-4　实训总结

序号	操作内容	遇到的问题及相应解决方案

四、实训综合评价

实训考核评价表见表 3-8-5。

表 3-8-5　实训考核评价表

项目名称	评价内容	分值	评价分数		
			自评	互评	师评
职业素养考核	无迟到、无早退、无旷课	8 分			
	仪容仪表符合规范要求	8 分			
	具备良好的安全意识与责任意识	10 分			
	具备良好的团队合作与交流能力	8 分			
	具备较强的纪律执行能力	8 分			
	保持良好的作业现场卫生	8 分			
专业能力考核	积极参加教学活动,按时完成任务单	16 分			
	操作规范,符合作业规程	16 分			
	操作熟练,工作效率高	18 分			
合计		100 分			
总评	自评(20%) + 互评(20%) + 师评(60%)		指导教师:		

学习笔记

五、课后练习

判断题

1. 一般,新能源汽车减速器总成与驱动电机的输出端相连接,安装于驱动桥上。 ( )

2. 新能源汽车减速器总成大多采用具有固定传动比的三级减速器和差速器组成。( )

3. 汽车在转弯的时候,左右两个轮的转速是有差异的。 ( )

4. 减速器总成将驱动电机的输出转速升高、扭矩增大,并传递给汽车驱动轴,以实现整车对驱动系统的扭矩、转速需求。 ( )

5. 按参加减速传动的齿轮副数目分有单级减速器和二级减速器。 ( )

6. 目前新能源汽车上应用较多的减速器总成是有固定速比的,安装位置是在电驱三合一驱动桥之中。 ( )

7. 独立结构的减速器总成位于汽车前机舱内驱动电机控制器下方右侧位置。 ( )

8. 减速器的输出轴,也称为副轴。 ( )

9. 比亚迪 E5 减速器总成采用的是一个具有固定传动比的二级减速装置。 ( )

10. 差速器作用是将二级减速从动齿轮的动力传递给左右两个半轴,并允许左右半轴以不同的转速旋转,使左右驱动轮相对地面滚动而非滑动。 ( )

驱动电机冷却系统保养与检修

学习笔记

实训九 驱动电机冷却系统维护与保养

一、实训目的

1. 培养学生养成细心、规范的操作习惯。
2. 能熟悉电驱冷却系统检修的技能要点,并规范的完成实训操作。

二、实训内容

1. 电驱冷却系统基本检查操作要点,判断冷却液的液位、冰点位置。
2. 冰点测试仪等工具的使用方法与规范。
3. 冷却液排放与加注方法与注意事项。

三、实训设备

实训整车、冰点测试仪、油液收集器、拆装套装工具、数字兆欧表等。

四、实训步骤

1. 冷却液液位及相关部件检查

①观察副水箱中冷却液的液位,确认液位是否处于MAX(最高)标记与MIN(最低)标记之间,如图3-9-1所示。若低于最低值,请添加冷却液至标准位置。

②检查冷却系统相关管路是否破损,如图3-9-2所示,如有破损应更换。

③检查冷却水泵及连接管路是否泄漏及外观损伤,如有漏水现象应更换。

④转动散热风扇,检查散热风扇是否有卡滞及损伤,如有破损应更换。

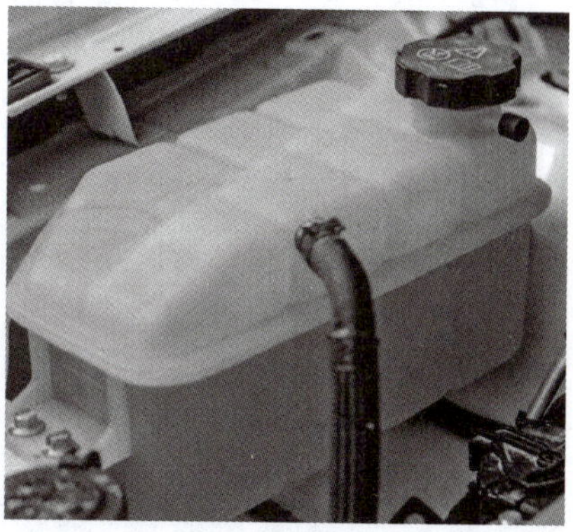

图3-9-1　检查驱动电机冷却液液位

学习笔记

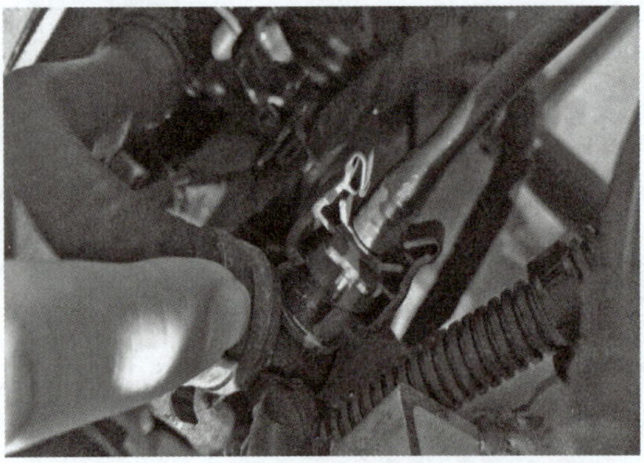

图 3-9-2　检查冷却系统管路

2. 冷却液冰点检测

①取出冰点测试仪并检查调整。

②选用吸管吸取少量纯净水，滴于折光棱镜上，盖上盖板并轻轻按压平，确保没有气泡。

③目视检查冰点检测仪外观是否良好。

④通过目镜读取蓝白分界线相对刻度，即为纯净水冰点值。

⑤使用棉布清洁冰点测试仪折光棱镜。

3. 读取冰点值

冷却液冰点检测时，通过目镜读取蓝白分界线相对刻度，即为冷却液冰点值，冰点一般为 -25 ℃。

4. 冷却液排放

①举升车辆至合适位置，锁止举升机。

②使用 10 mm 套筒、接杆、棘轮扳手组合工具拆卸机舱底部护板 4 颗固定螺栓。

③将油液收集器放置在机舱底部合适位置。

5. 冷却液加注

①冷却液系统的容量约为 6.1 L。

②上电让水泵运转约 5 min，然后将其断电。

③加注冷却液直至副水箱液位到达 MAX（最高）标记处。

6. 电动水泵拆装与检测

（1）电动水泵拆卸

①先举升车辆至合适位置。

②断开电动水泵进、出水管。

③从支架胶套中拆下电动水泵。

④使用水管钳，松开电动水泵进、出水管紧固卡箍。

（2）电动水泵检测

①目视检查电动水泵外观是否变形、是否破损，如有变形或破损应更换。

②将万用表红黑表笔分别连接至跨接线的两端，测量水泵电阻，等数值稳定后，读取万用

表测量值,标

学习笔记

准值为 10 kΩ 左右,若测量值与标准值不符,需要更换电动水泵。

7. 电动水泵的安装

①安装电动水泵进水管。

②使用水管钳,安装进、出水管固定卡箍。

③安装电动水泵线束接插器。

④安装电动水泵出水管。

⑤将电动水泵安装至支架胶套中。

8. 散热器总成拆装与检测

(1)散热器附件拆卸

①使用 10 mm 套筒、接杆、棘轮扳手组合工具,拆卸机舱底部前护板与保险杠总成连接的 6 颗固定螺栓。

②使用 10 mm 套筒、接杆、棘轮扳手组合工具,拆卸机舱底部前护板与车架连接的 2 颗固定螺栓。

③水箱上横梁拆卸时,用卡扣起子拆除前照灯总成相关线束的 5 个固定卡扣。

④拆除散热器护板上的 3 个固定卡扣。

⑤使用 10 mm 套筒、接杆、棘轮扳手组合工具,拆卸水箱上横梁的 4 颗固定螺栓。

(2)拆卸散热器总成

①使用 10 mm 套筒、接杆、棘轮扳手组合工具拆卸散热器与空调冷凝器连接的 4 颗固定螺栓。

②使用水管钳,拆卸与散热器总成连接的上、水管固定卡箍。

③断开散热器总成冷却风扇线束接插器。

④垂直取出散热器总成。

⑤断开散热器总成上水管。

⑥取出冷凝器左侧护板。

⑦以同样方法拆卸散热器总成剩余 3 根水管。

⑧将散热器总成向上提起,露出底部 2 颗固定螺栓。

(3)散热器总成解体检测与组装

①拆卸冷却风扇时,使用 10 mm 套筒、接杆、棘轮扳手组合工具,拆卸冷却风扇与散热器支架连接的 3 颗固定螺栓。

②目视检查散热器表面是否灰尘、杂物,如有,应清扫。

③检查散热片有无弯曲、变形,若有,需及时更换。

④检查管路接口是否有堵塞,若有,需及时清理。

⑤手动旋转冷却风扇,检查其是否有卡滞,若有请更换冷却风扇。

⑥检查冷却风扇叶片是否有损坏,且确认冷却风扇上面的平衡块是否有缺失,平衡块的作用是减少风扇在高速旋转时产生的振动与不平衡力,确保风扇平稳运行。如果发现平衡块缺失,需要及时更换。

⑦冷却风扇安装时,使用 10 mm 套筒、接杆、棘轮扳手组合工具,拧紧 3 颗固定螺栓。

学习笔记

(4)散热器总成安装

①将空调冷凝器与散热器总成螺栓孔对齐。

②用手旋入冷凝器与散热器总成连接的4颗固定螺栓。

③使用10 mm套筒、接杆、棘轮扳手组合工具，拧紧散热器与空调冷凝器连接的4颗固定螺栓。

④将散热器总成安装至规定位置。

⑤安装冷凝器左侧护板至规定位置。

⑥用手旋入冷凝器左侧护板2个固定螺帽。

⑦安装散热器总成下水管。

⑧使用水管钳安装散热器总成下水管固定卡箍。

⑨以同样方法安装散热器剩余3根水管。

⑩安装散热器总成冷却风扇线束接插器。

(5)散热器附件安装

散热器附件安装的部件包括水箱上横梁、保险杠与底板，这些部件在散热器的安装与固定中起着重要作用。

①水箱上横梁安装。

a. 安装散热器上护板。

b. 安装水箱上横梁，确认其安装到位。

c. 旋入水箱上横梁4颗固定螺栓。

d. 使用10 mm套筒、接杆、棘轮扳手组合工具，拧紧水箱上横梁4颗固定螺栓。

e. 安装散热器上护板3个固定卡扣。

f. 安装充电口总成及相关线束。

g. 安装前照灯总成相关线束的5个固定卡扣。

h. 安装前机舱盖开启拉索。

i. 安装前机舱盖锁总成线束接插器。

j. 安装充电口罩盖拉线至原来位置。

②保险杠与底板安装。

a. 两人配合操作，安装前保险杠总成。

b. 安装车外防护三件套。

c. 举升车辆至合适位置，并锁紧举升机保险。

d. 安装机舱底部前护板，用手旋入2颗固定螺栓。

e. 使用10 mm套筒、接杆、棘轮扳手组合工具，拧紧2颗固定螺栓。

f. 用手旋入机舱底部前护板与保险杠总成连接的6颗固定螺栓。

g. 使用10 mm套筒、接杆、棘轮扳手组合工具，拧紧机舱底部前护板与保险杠总成连接6颗固定螺栓。

h. 安装机舱底部护板至合适位置。

i. 安装机舱底部护板固定卡扣。

j. 用手旋入机舱底部护板4颗固定螺栓。

k. 使用10 mm套筒、接杆、棘轮扳手组合工具，拧紧4颗固定螺栓。

学习笔记

实训九 学生任务单

实训名称		实训场地		实训时间	
实训内容					

一、知识准备

电驱冷却系统主要用于保证驱动电机和____________在规定的温度范围内工作，使其具有良好的____________。电驱系统工作过程中，可以通过驱动电机外壳和周围介质不断将____________散发出去，这个散发热量的过程称为冷却。电机驱动系统主要冷却方式有：自然冷却、风冷却和____________。

二、实训计划

请根据实训目的，确定实训过程中所需要的工具、设备、检测仪器及防护用具等。并对小组成员进行合理的分工，制订详细的实训计划。

1. 将实训过程中所需要的工具、设备、检测仪器及防护用具填入表 3-9-1 中。

表 3-9-1 实训设备或工具

序号	名称	型号与规格	单位	数量	备注

2. 小组成员分工（全班学生以 6 人为一个小组，各组选出组长并进行任务分工，将小组成员及分工情况填入表 3-9-2 中）。

学习笔记

表 3-9-2 小组成员及任务分工

小组成员	姓名	任务分工
组长		
组员		

三、实训总结

对本次实训进行总结，并将操作过程中遇到的问题及相应解决方案填入表 3-9-3 中。

表 3-9-3 实训总结

序号	操作内容	遇到的问题及相应解决方案

四、实训综合评价

实训考核评价表见表 3-9-4。

表 3-9-4 实训考核评价表

项目名称	评价内容	分值	评价分数		
			自评	互评	师评
职业素养考核	无迟到、无早退、无旷课	8 分			
	仪容仪表符合规范要求	8 分			
	具备良好的安全意识与责任意识	10 分			
	具备良好的团队合作与交流能力	8 分			
	具备较强的纪律执行能力	8 分			
	保持良好的作业现场卫生	8 分			
专业能力考核	积极参加教学活动，按时完成任务单	16 分			
	操作规范，符合作业规程	16 分			
	操作熟练，工作效率高	18 分			
合计		100 分			
总评	自评(20%) + 互评(20%) + 师评(60%)		指导教师：		

学习笔记

五、课后练习

（一）填空题

水冷式电驱冷却系统主要由____________、散热器、电动风扇、储液罐和驱动电机内____________等组成，还包括冷却循环管路，其中有些冷却循环管路要经过驱动电机控制器底部与驱动电机壳体，以便于冷却驱动电机控制器与____________。

（二）选择题

1.（　　）是新能源汽车电驱系统的常用形式。

A. 自然冷却　　B. 风冷　　C. 水冷　　D. 油冷

2.（　　）需要良好的机械密封装置，液体循环系统结构复杂，存在渗漏隐患，如果发生液体渗漏，会造成驱动电机绝缘破坏，可能烧毁驱动电机。

A. 自然冷却　　B. 风冷却　　C. 液体冷却　　D. 二氧化碳冷却

3. 电机驱动系统主要冷却方式有（　　）。

A. 自然冷却　　B. 风冷却　　C. 液体冷却　　D. 二氧化碳冷却

（三）判断题

1. 电驱冷却系统主要用于保证驱动电机和驱动电机控制器在规定的温度范围内工作，使其具有良好的工作性能。（　　）

2. 电驱系统工作过程中，可以通过驱动电机外壳和周围介质不断将热量散发出去，这个散发热量的过程，称为冷却。（　　）

3. 风冷效率差，仅适用于转速低，负载转矩小，发热量较小的小型电动机。（　　）

学习笔记

实训十 驱动电机冷却系统检修

一、实训目的

1. 掌握电动水泵电路检测、冷却风扇调速模块电路检测等操作要点。
2. 能够判断电动水泵线束接插器的不同针脚位置及连接方式。
3. 掌握接线盒、万用表等工具的使用方法和规范。
4. 能正确使用维修手册、工作页等参考资料。
5. 掌握6S管理规范，并按照规范完成实训任务。

二、实训内容

1. 电动水泵电路检测。
2. 冷却风扇调速模块电路检测。

三、实训设备

实训整车、新能源汽车拆装工具套装、万用表、棉布手套、绝缘鞋、车外外三件套、维修手册、学习工作页。

四、实训步骤

比亚迪秦 EV 车在启动车辆时发现仪表“OK”灯不亮，显示“请检查动力系统”故障，如图 3-10-1所示。

1. 故障分析

导致驱动电机及其控制器温度过高故障的原因包括：驱动电机故障、驱动电机控制器故障、旋变温度传感器故障、冷却系统故障、冷却控制线路故障等。在进行故障排查时，可先通过外部直观检查，排查冷却系统及线路故障，再通过读取故障代码进一步查找故障原因，可能的故障原因如图 3-10-2 所示。

图 3-10-1 车辆仪表显示请检查动力系统

2. 故障排查

①检查电机冷却液液位是否在 MIN ~ MAX 之间。

②检查冷却系统管路有无泄露，水泵及风扇运转是否正常。

③检查驱动电机有冷却管路有无机械干涉、异响等，如图 3-10-3 所示。

④连接解码仪，读取故障代码，显示为 P1BB200，前驱动电机一般过温告警；P1BB298，前驱动电机严重过温告警（见表3-10-1）。查看数据流显示驱动电机温度为 161 ℃，温度过高（见表3-10-2）。

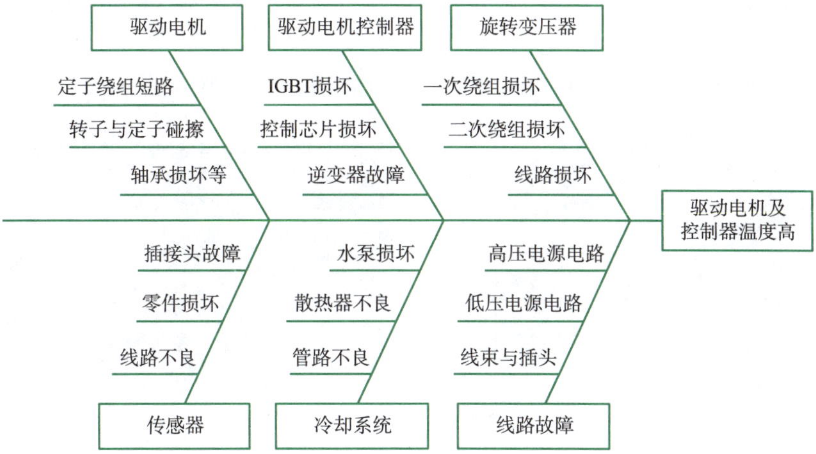

图 3-10-2　驱动电机及控制器温度过高可能故障原因

图 3-10-3　检查驱动电机冷却管路

表 3-10-1　解码器读出的数据流

故障代码	故障状态	故障描述
P1BB200	当前故障	前驱动电机一般过温告警
P1BB298	当前故障	前驱动电机严重过温告警

表 3-10-2　驱动电机模块数据流

名称	当前值	标准值	单位
前驱动电机母线电压	390	0 ~ 1 000	V
转速	0	-18 000 ~ +18 000	r/min
扭矩	0	-500 ~ +500	N · m
功率	0	-100 ~ +200	kW
智能功率模块（IPM）散热器温度	35	-40 ~ +60	℃
驱动电机温度	161	-40 ~ +160	℃
绝缘栅双极晶体管（IGBT）温度	30	-40 ~ +160	℃
A 相电流		0 ~ +1 000	A

学习笔记

⑤车辆下电，断开低压蓄电池负极，为方便测量电机温度传感器，拆卸右前轮，如图 3-10-4 所示。

⑥拆下驱动电机驱动器搭铁、打开驱动电机后端盖，如图 3-10-5 所示。

图 3-10-4　拆卸右前轮

图 3-10-5　打开驱动电机后端盖

⑦拔下驱动电机温度传感器插头，如图 3-10-6 所示。

⑧测量驱动电机温度传感器的电阻为 0. 9 kΩ，阻值异常，如图 3-10-7 所示。

图 3-10-6　拔下驱动电机温度传感器插头

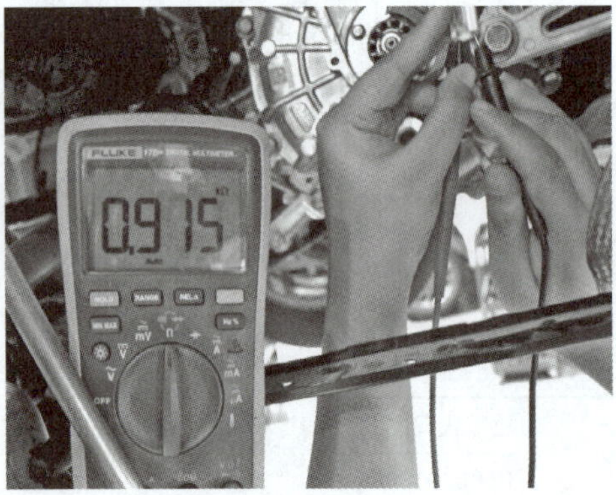

图 3-10-7　测量驱动电机温度传感器电阻

3. 故障排除

更换温度传感器，重新启动汽车，仪表显示正常，汽车正常上电，故障排除。

学习笔记

实训十　学生任务单

实训名称		实训场地		实训时间	
实训内容					

一、知识准备

电驱冷却系统的好坏，会直接影响车辆____________的性能，通过检测判断电驱冷却系统的____________至关重要。电驱冷却系统检测要遵循由易至难、____________、由电气部件到____________的原则进行，并且一般是____________优先。

二、实训计划

请根据实训目的，确定实训过程中所需要的工具、设备、检测仪器及防护用具等。并对小组成员进行合理的分工，制订详细的实训计划。

1. 将实训过程中所需要的工具、设备、检测仪器及防护用具填入表3-10-3中。

表3-10-3　实训设备或工具

序号	名称	型号与规格	单位	数量	备注

2. 小组成员分工（全班学生以6人为一个小组，各组选出组长并进行任务分工，将小组成员及分工情况填入表3-10-4中）。

表3-10-4　小组成员及任务分工

小组成员	姓名	任务分工
组长		
组员		

学习笔记

三、实训总结

对本次实训进行总结,并将操作过程中遇到的问题及相应解决方案填入表 3-10-5 中。

表 3-10-5 实训总结

序号	操作内容	遇到的问题及相应解决方案

四、实训综合评价

实训考核评价表见表 3-10-6。

表 3-10-6 实训考核评价表

项目名称	评价内容	分值	评价分数		
			自评	互评	师评
职业素养考核	无迟到、无早退、无旷课	8 分			
	仪容仪表符合规范要求	8 分			
	具备良好的安全意识与责任意识	10 分			
	具备良好的团队合作与交流能力	8 分			
	具备较强的纪律执行能力	8 分			
	保持良好的作业现场卫生	8 分			
专业能力考核	积极参加教学活动,按时完成任务单	16 分			
	操作规范,符合作业规程	16 分			
	操作熟练,工作效率高	18 分			
合计		100 分			
总评	自评(20%) + 互评(20%) + 师评(60%)		指导教师:		

五、课后练习

(一)选择题

1. 水冷式电驱冷却系统主要由(　　)等组成。

A. 电动水泵　　B. 散热器　　C. 电动风扇　　D. 储液罐

2. 电动风扇按其结构原理和驱动方式分为(　　)。

A. 无扇叶风扇　　B. 轴流式风扇　　C. 贯流式风扇　　D. 离心式风扇

学习笔记

3. 下列部件不是比亚迪 E5 电驱冷却系统组成的是(　　)。

A. 散热器　　B. 电动水泵　　C. 电动风扇　　D. 深冷器

4. 比亚迪 E5 电驱冷却系统(三合一平台)无级风扇是由(　　)控制的。

A. 电机控制器　　B. 空调控制器　　C. 整车控制器　　D. 主控制器

(二)判断题

1. 自然风冷是目前新能源汽车驱动电机应用最广泛的冷却散热方式。　(　　)

2. 水泵是整个冷却系统唯一的动力元件,负责为冷却液的循环提供机械能。　(　　)

3. 目前,新能源汽车常用的电动风扇为离心式风扇。　(　　)

4. 比亚迪 E5 电驱冷却系统(四合一平台)位于车辆前机舱内。　(　　)

5. 比亚迪 E5 电驱冷却系统无论搭载的三合一平台还是四合一平台,均采用的是强制循环式冷却系统。　(　　)

参考文献

[1] 项菲菲,王琛,赵永刚. 新能源汽车维护与故障诊断[M]. 北京:航空工业出版社,2022.

[2] 张斌,赵良红. 新能源汽车动力电池及充电系统检修[M]. 北京:机械工业出版社,2024.

[3] 赵海宾,刘国新. 新能源汽车驱动电机及控制技术[M]. 北京:机械工业出版社,2024.

[4] 刘新江,何陶华. 新能源汽车维修[M]. 北京:人民交通出版社,2020.

[5] 杨胜兵,刘星彤,杨程万里. 新能源汽车电控电机与电池系统结构与故障诊断[M]. 北京:化学工业出版社,2024.

[6] 刘远游. 新能源汽车电路原理检测维修[M]. 北京:化学工业出版社,2024.

[7] 张凯,李正国. 动力电池管理及维护技术[M]. 2 版. 北京:清华大学出版社,2020.

[8] 何宇漾,华奇,程岩,等. 新能源汽车构造与维修维护[M]. 北京:清华大学出版社,2022.

[9] 简斌,周世琼,罗全,等. 新能源汽车电池及管理系统检修[M]. 北京:航空工业出版社,2021.

[10] 田晋跃,郭荣. 新能源汽车构造[M]. 北京:北京大学出版社,2023.